나는 리더인가

나는 리더인가

초판 1쇄 발행 2018년 11월 17일

지 은 이 홍석환
발 행 인 권선복
편 집 전재진
디 자 인 서보미
전 자 책 서보미
발 행 처 도서출판 행복에너지
출판등록 제315-2011-000035호
주 소 (07679) 서울특별시 강서구 화곡로 232
전 화 0505-613-6133
팩 스 0303-0799-1560
홈페이지 www.happybook.or.kr
이 메 일 ksbdata@daum.net

값 15,000원
ISBN 979-11-5602-662-4 (13320)

"존경받는 롤모델 리더의 비밀"

나는 리더인가

홍석환 지음

품성, 전문성, 조직 장악력을 갖춘 리더

비전과 전략, 중점과제를 수립하고 실천하게 한다

도서
출판 **행복에너지**

나는 리더인가?

많은 사람이 조직장의 자리에 있는 사람만을 리더라고 한다. 이런 이유에서인가? 기업들의 역량평가를 보면, 리더십 역량평가의 경우 조직장에게만 실시한다. 팀원의 경우에는 직무역량과 공통 가치 역량에 대해서만 평가한다.

이런 인식은 리더에 대한 정의에서부터 기인한 것으로 생각된다. '리더란 공동의 목표를 달성하기 위해 타인에게 영향을 주며, 함께 솔선수범하여 협력함으로써 성과를 창출하는 사람'이다. 이 관점에서 보면 팀원들에게도 충분히 리더의 자격이 있다. 하지만, 현실의 벽은 보기보다 넘기 힘들다. 조직장이 아니거나, 임시조직 또는 별도 프로젝트의 장이 아닌 경우, 리더라고 칭하면 그들이 "나는 리더가 아니다."라고 한다.

이 책에서는 근본적으로 리더를 조직장으로 칭하지는 않았지만, 회사의 입장을 대표해 조직을 맡은 사람 중, 올바른 가치관을 바탕으로 높은 전문성을 갖고 조직과 조직원의 마음을 훔칠 수 있는 관리역량으로 성과를 창출하는 사람을 리더라 칭했다.

리더는 비전과 전략을 만들고, 이를 공유하여 내재화하며, 실천하여 성과를 내는 사람이다. 사심을 버리고 전략적 의사결정을 하여 전사 이익을 극대화하는 사람이다. 변화의 방향을 먼저 인식하고 회사의 사업 본질에 맞게 한발 앞서 변화를 선도하는 사람이다. 솔선수범과 정도正道 경영을 통해 대내외 네트워크를 활용하여 회사의 이미지를 제고하는 사람이다.

이러한 리더는 일, 사람, 변화, 조직 관리에 있어 남과 다른 모방할 수 없는 차별화된 경쟁력을 갖고 있어야 한다. 올바른 가치관이 바탕이 되어야 한다. 높은 전문성을 갖고 직원들에게 휘둘리지 않으며, 의사결정을 하되 일을 배분하고 가르치며 변화를 이끌어야 한다. 조직과 구성원의 역량을 강화하여 회사가 지속 성장하도록 배려하고 동기부여를 하여야 한다. 자기 관리에 철저하지 못하거나, 성과를 창출하지 못하는 리더는 리더가 아니다. 리더의 머릿속은 항상 얻고자 하는 바가 무엇이며, 회사 성과에 어떤 영향을 주는가를 고민해야 한다.

어떻게 리더가 될 것인가?

아무나 리더가 될 수는 없다. 회사의 리더가 되기 위해서는 높은 성과, 올바른 가치관을 바탕으로 한 좋은 인간관계, 조직과 구성원의 마음을 훔칠 수 있는 통솔 역량이 있어야 한다.

올림픽에 출전하는 단거리 육상선수는 4년을 준비하고 실력을 갈고닦아 100m를 약 10초 이내로 뛴다. 수년의 운동을 해왔고 올림픽 출전 선수로 확정된 이후 엄청난 준비를 하지만 결과는 단 10초 만에 결정된다. 회사에서 첫 직책인 팀장이 되기 위해서는 대기업의 경우에는 15년 넘게 준비를 하고 단 하루 만에 결정된다. 준비가 99%이고 결과는 1%이다. 99%의 준비에 따라 결과가 만들어진다. 보통 사람과 똑같이 해서는 올림픽 금메달을 딸 수가 없듯이, 리더가 될 수 없다.

첫째, 차별화된 성과가 있어야 한다.

개선 수준으로는 어렵다. 남들도 개선 수준의 업무는 다 하기 때문이다. CEO가 인정하고 칭찬할 만한 도전과제를 수행해야 한다. 이는 혼자의 힘으로는 불가하다. 육상선수에게 코치가 있듯이 상사의 지원이 필수다.

둘째, 후배들로부터 존경과 인정을 받아야 한다.

리더가 되기 전까지는 팀원이라는 동등한 관계 혹은, 선후배의 명확한 구분만 있었다. '나도 팀원인데'라는 나약한 생각으로 지원하지 않고, 공유하지 않으며, 앞장서 궂은일에 솔선수범하지 않는다면 후배들도 따르지 않는다. 혹시 이런 선배가 리더가 된다 해도 구성원들은 열정을 보이지 않는다. 이미 어떤 사람인지 알기 때문이다. 리더가 되기 전에 구성원들로부터 존경과 인정을 받아, "저 선배님이 우리의 리더가 되어야 한다."고 누구나 이야기해야 한다.

셋째, 타 부서와 좋은 관계를 유지해야 한다.

열 명의 우군을 만드는 것도 중요하지만, 한명의 적을 만들지 말라는 말이 있다. 타 부서와의 관계가 좋지 않은 직원을 리더로 임명하면 개인의 문제가 조직의 문제로 확대되는 경향이 있다. 구성원들이 가장 불편한 것은 자신의 리더와 사이가 좋지 않은 타 조직의 업무협조를 구할 때이다. 자신의 리더가 이 조직을 싫어하는데, 이 조직의 구성원들은 우리를 좋아하겠는가?

리더가 될 사람은 전화, 문자, 메일로 업무를 요청하거나, 마음을 담지 않은 지원을 해서는 곤란하다. 힘들더라도 찾아가 겸손하게 설명하고 도움을 요청하고, 사소한 부탁이라도 마음을 다해 지원해야 한다. 예의 바르며 잘 도와주고 인간관계가 좋다는 이야기를 들어야 한다.

넷째, 기본에 강하고 정도경영에 앞장서야 한다.

리더가 되려는 사람이 시간을 지키지 않고, 안전/금전/성 이슈 등에 문제가 있으면 곤란하다.

자기 관리에 철두철미해야 한다. 특히 말실수가 있어서는 안 된다. 말을 할 때, 불평과 부정적 단어를 사용해서는 안 된다. 남에게 상처를 주는 말을 하지 않기 위해서는 항상 가슴에 있는 말을 머리까지 올려 생각해 보고 상대를 보며 웃는 모습으로 천천히 말해야 한다. 말에 의한 상처는 생각보다 오래 남는다.

이 책을 집필하면서 고마운 분들이 많다.

17년의 삼성삼성전기, 삼성비서실 인력개발원, 삼성경제연구소, 8년의 GS칼텍스인사기획팀장, 조직문화팀장 등, 6년의 KT&G변화혁신실장, 인재개발원장의 31년 간 직장생활을 하면서 많은 상사와 선배, 동료와 후배님이 지금까지 잊지 않고 연락을 준다.

한 분 한 분 가슴에 담아 잊지 않으려고 노력하고 있다고 전하고 싶다.

사회생활을 하면서 회사 외부의 정 많고 전문가이신 분들의 도움을 많이 받았다.

10년 넘게 매달 세미나를 이어가는 한국HR협회 김기진 대표님과 회원님들, 25년이 넘게 만남을 지속하는 인사노무연구회 회원님들을 잊지 못할 것이다. 매월 HR 아우님들과 만남은 너무나 큰 기쁨이다. 인사 전문지인 월간《인사관리》,《인재경영》. 월간《HRD》,《HR Insight》,《메가

넥스트》의 편집장님과 기자님들은 필자에게 HR에 관련된 많은 시사점을 주고 항상 노력하게 해 주었다.

2017년 퇴직 후 한국경제신문사에서는 한경닷컴에 〈홍석환의 인사 잘하는 남자〉라는 글방을 마련해 주어, 1년 반 동안 쌓인 기고가 160건이 넘는다. 한솔교육의 변재용 회장님과 임향미 실장님께 특히 감사를 드린다. 어려운 시절에 큰 도움을 받았다.

애경그룹, 경신, 마이다스아이티, 엑스퍼트컨설팅, 한국능률협회ᴷᴹᴬ, 한국생산성본부, 한국공업표준협회, 전국경제인연합회, 한국경영자총협회, LG 인화원, 현대중공업, 한미약품, GS 건설, 원익그룹, 삼양사, 효성그룹, 국가공무원인재개발원, 서울시청, 아주대학교, 중앙대학교, 광운대학교, 숙명여자대학교 등 정부 및 여러 기업과 학교로부터 많은 조언과 지원을 받았기에 지금 이 자리에 설 수 있다고 생각한다. 깊이 감사드린다.

아울러 서울과 대전의 많은 선후배님, 〈3분 경영〉 독자님의 관심과 격려가 없었다면 이 책은 빛을 볼 수가 없었을 것이다.

기업 퇴직 후 숙명여자대학교와 광운대학교에서 강의할 수 있도록 배려해 주신 분들께 감사드린다. 그리고 강의를 의뢰하는 수많은 지인, 항상 인자한 눈으로 바라보시는 논산에 계신 부모님, 언제나 변치 않는 사랑을 전하는 아내, 이제 박사가 되어 자신의 길을 묵묵히 걸어가는 큰딸 서진, 결혼하는 우리 귀염둥이 서영에게 사랑한다고 전한다.

마지막 세상 가장 행복하게 하루를 즐기며, 많은 이들에게 꿈을 전하는 도서출판 행복에너지 권선복 대표님의 교정과 편집으로 이 책은 다시 태어났다. 깊이 감사를 드린다.

2018년 11월 일산 집무실에서

홍 석 환 대표
| 홍석환의 인사전략 컨설팅

CONTENT

part 2 비전 제시

part 3 전략적 사고

part 4 변화 주도

part 5 일 관리

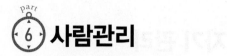

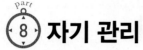

자기 관리

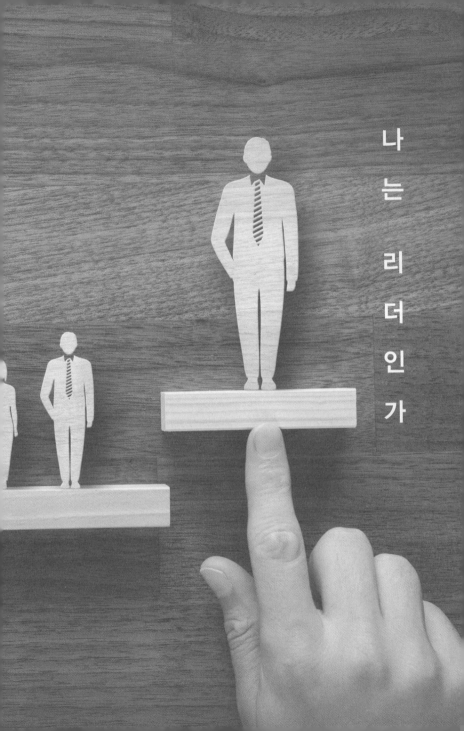

나는 리더인가

part 1

리 더 의
마 음 가 짐

나는 행복한 사람이다

'거울의 마력'이란 이야기를 들어 보신 적이 있는가? 매일 거울을 보면서 무엇을 하는가? 얼굴이나 머리를 가다듬거나, 비틀어진 것을 바로 하지는 않는가?

거울을 보면서 보통 사람과는 다른 행동을 하는 사람이 있다. 자신의 목표를 크게 외치거나, 자신의 신념이나 가치를 매일 확신하고 더욱 내재화하며, 강화해 나가는 사람이 있다. 거울의 마력은 바로 이것이다. 매일 거울을 보면서 자신을 더욱 아름답고 강하게 할 수 있다면, 당신은 하고 싶지 않은가?

"나는 행복한 사람인가?"

왜 이 주제가 중요할까? 여러분은 소중한 것의 우선순위를 갖고 있는가? 그 예로는 가족, 재산, 직장, 취미, 종교 등이 거론된다. 그런데 어느 순간 내가 없다.

40대 직장인에게 "당신의 꿈이 무엇이냐?"고 물어본다면 어떤 대답이 나올까? 만약 당신이 이 질문에 해당된다면 무엇이라고 대답하겠는가? "이 사람아, 싱겁게, 됐다." 하며 회피하는가? 아니면 "내 꿈은 내 인생 전체를 통해 60가지 해보고 싶은 일을 해 보는 것이네."하며 자랑스럽게 이야기하는가?

대부분 사람은 "내 자식이 좋은 대학 나와 좋은 직장에 들어가고, 좋은 사람 만나 결혼할 때까지 지원해 주는 것"이라고 한다. 내 꿈이 아닌 자식의 꿈을 대행하는 존재가 되어 버렸다. 자식 이야기는 날이 바뀌어도 할 수 있는데, 자신의 이야기는 1시간도 못하는 현실. 나는 행복한 사람일까? 내가 존재하는 이유를 내가 모르면서 무엇을 할 수 있을까? 거울을 보며, "길동아, 너는 정말 멋있어. 자~, 오늘도 파이팅!" 하며 웃으며 출근하는 사람이 더 아름다워 보이지 않을까? 특히, 매일 만나는 나의 상사가 항상 긍정적이고 밝은 모습을 갖고, 인격적으로 존경하고 싶은 사람이라면 생각만 해도 기쁠 것 같다.

그러면 어떻게 하면 내가 행복한 사람, 아니 행복한 리더가 될 수 있을까?

첫째, 내가 살아가는 이유가 분명할 때 행복해질 수 있다.

토요일 초등학교 5학년 학부모 수업에 초청되어 1시간 수업을 한 적이 있다. 이야기를 많이 준비했지만, 무용지물이었다. 바로 A4 종이 한 장씩을 나눠 주고, "나는 어떤 삶을 살 것인가?"에 대해 글짓기를 하라고 했다. 20분이 지난 후 한 학생이 글을 써냈다.

"나는 사회에 봉사하는 사람이 되겠다. 이를 위해 의사가 되어 40살까지는 열심히 돈을 벌고, 50살까지 아프리카에 가서 봉사하고, 다시 돌아와 60살까지 다시 돈을 벌어 나머지 인생은 내 하고 싶은 것을 하겠다. 이를 위해 지금 나는 영어 공부를 한다."

초등학교 5학년의 글이다. 부모님이 이렇게 하라고 내재화시켰을 수도 있을 것이다. 하지만, 이 학생은 행복한 사람이라고 생각한다. 내가 해야 할 것이 있고, 그것을 위해 지금 노력하고 있으니까.

둘째, 긍정적 신념을 갖고 배려하는 자세로 오늘을 살아가야 한다.

가장 공부 잘하는 학생의 특징이 무엇일까? 선생님 말씀을 경청하고 눈을 마주치며, 필기하고, 질문하는 학생, 더 나아가 예습과 복습을 철저히 하는 학생일까? 대부분 이렇게 생각하는데, 긍정적인 신념을 가진 학생이 가장 공부 잘하는 학생이라고 생각한다. 고등학생이 되면 밤 1시까지 공부한다. 긍정적 마인드가 없으면 견디기 힘들다. 리더도 마찬가지이다. 인격적으로 내가 존경할 수 있는 사람, 내가 배울 점이 많고, 저분은 구성원을 진정 사랑하고 있다고 느껴지는 사람에게 더욱 이끌린다.

"감사하면 감사하는 일이 생기고, 불평하면 더욱 불평하는 일이 생기는 법이다."

회사를 위해 무엇을 할 것인가?

회사와 나는 무슨 관계일까?

결론적으로 계약관계이다. 회사는 나의 능력을 판단하여 노동을 산다고 계약했고, 나는 그 대가로 여러 보상을 받는다. 처음에는 좋은 회사에 입사하기 위해 갖은 노력을 하지만, 일단 입사하게 되면 이 계약의 본질을 잊어버리는 경우가 많다. 회사는 나의 차별화된 경쟁력을 산 것이다. 내가 경쟁력이 없으면, 회사는 나를 영원히 보살펴 주지 않는다. 내 경쟁력을 바탕으로 회사에 성과를 창출해 줘야만 한다.

이를 위해 강의 때마다 강조하는 4가지 리더상이 있다.

첫째, 비전과 전략, 중점과제 및 조직의 그라운드 룰을 만들어 구성원을 한마음 한 방향으로 이끄는 사람이다. 이를 위해 리더는 길고 멀리 볼 수 있어야 한다. 철저하게 자신의 시간을 관리해 가며, 성과를 내기 위해 온 힘을 다해야 한다.

둘째, 전략적 의사결정을 하는 사람이다. 개인의 사욕을 버리고 전사 관점의 이익을 생각하며 의사결정을 해야 한다. 아래 직원에게 하라고 맡기기보다는 의사결정에 영향을 주는 사람을 모아 설명하고 결론을 내며, 이들의 지원을 이끈다.

셋째, 솔선수범과 정도경영을 바탕으로 악착같은 실행을 통해 회사의 이미지를 제고시키는 사람이다. 팀원들은 회사와 상사에 대해 불평할 수 있어도 리더는 회사와 함께하는 직원들에 대해 안 좋은 이야기를 할 수 없다. 회사의 이미지와 성과가 자신의 모든 것이기 때문이며, 직원들의 힘이 모여 자신의 성과가 되기 때문이다.

넷째, 후배를 육성하고 자신의 후계자를 미리 선발하여 강하게 성장시키는 책임감을 가진 사람이다. 기업이 줄 수 있는 최고의 혜택은 바로 성장이다. 내가 정체되지 않고 성장하고 있다고 느끼게 해 주는 회사가 초일류기업이다. 리더는 조직과 구성원의 역량을 강화해 그 어떠한 변화에도 흔들리지 않고 밀고 나가게끔 만드는 사람이다. 이를 잘하는 사람이 진정한 리더다.

회사는 리더에게 무엇을 원할까?

삼성물산에는 '사업부 도산제도'가 있었다. 한 사업부가 적자가 나면 도산시키는 제도이다. 어찌할 수 없는 환경 탓일 경우도 있을 것이다. 그러나 회사는 지속적인 성장을 하기 위해서는 이익이 있어야 한다. 적자가 난다는 것은 망하는 것이다. 삼성의 사업부 도산제도는 리더라면 어찌할 수 없는 환경까지도 예측하여 이익을 내라는 강한 메시지이다.

삼성물산의 사례를 통해, 회사가 리더에게 원하는 것을 크게 두 가지 측면에서 생각해 볼 수 있다.

첫째, 성과이익를 창출하는 리더이다.

기업은 친목 단체가 아니다. 성과가 없는 리더는 리더로서 가장 중요한 역할을 소홀히 한 것이다. 단기 실적과 달리 성과는 지속성을 갖고, 역량이 뒷받침되지 않고는 달성될 수 없다. 물론 운도 중요한 요인이지만, 고려할 수 있는 모든 것을 고려하는 것이 리더이다.

둘째, 두 번째는 조직과 구성원을 강하게 키우는 리더이다.
조직과 구성원의 올바른 가치관과 전문역량 없이는 회사가 지속성장이 어렵기 때문이다. 조직은 살아있는 유기체와 같다. 조직도 끊임없는 인재 개발을 통해 구성원의 역량을 강화하고 이를 통해 조직 전체의 경쟁력을 높여야만 기업들 속에서 살아남을 수 있다.

이 두 가지 역할에 대한 조직의 요구에 충분히 응답할 수 있어야 회사는 리더가 성과를 창출했다고 인정하게 될 것이다.

중요하다고 생각하는 것은
꼭 이룬다

아침에 일어나 가장 먼저 무엇을 하는가? 매일 해야 할 그 무엇 때문에 흥분되거나 설레지 않는가? 만날 사람이 있어 고민되며 기다려지지 않는가?

몇 년 전에 존경하는 선배가 아침에 일어나 가장 먼저 무엇을 하느냐고 물었다. 아무 생각 없이 세수하러 간다고 하니 습관 하나 만들어 보라고 하며 권한 것이 바로 '아침 성찰의 시간'이다. 아침에 일어나 3가지 생각을 하는 것이다.

- 오늘 나의 가장 바람직한 모습을 그려라.
- 오늘 해야 할 중요한 일 6가지를 뽑아라.
- 오늘 내가 웃을 수 있도록 2번의 기회를 만들어라.

10분만 시간을 내어 매일 지속하면 나의 삶이 달라진다.

많은 사람이 아침에 출근해서 당일 해야 할 사항들을 쭉 점검한다. 통상적으로 10가지 이상의 일들이 있다. 리더는 중요한 일과 긴급한 일의 우선순위를 정하고, 시간대별로 언제 해야 할 일인가 고민하고 실천해 나간다. 오늘 내가 꼭 해야 할 일을 설정해 놓고 이 일에만 매진하는 리더가 있다.

우리가 흔히 쓰는 말 중에 '선택과 집중'이 있다. 모든 일에 최선을 다하는 것과 중요한 것을 선택하여 집중하는 것이 있다면 어떻게 일하는 것이 옳은 방법인가?

두 명의 나무꾼이 있었다. 종일 일을 하는데, 한 나무꾼은 도끼를 바꾸고 쉬어 가며 천천히 나무를 자른다. 다른 한 사람은 하나의 도끼로 죽으라고 쉬지도 않고 나무를 자른다. 마침내 해가 질 무렵, 누가 더 많은 나무를 잘랐을까?

은행 고객관리의 목적은 무엇일까? "모든 고객은 소중하니까 전원에게 똑같이 사랑하라!"라고 강조했다면, 이 은

행의 미래는 어떻게 되었을까?" 다른 은행이 있다. 은행을 방문하는 고객이 번호표를 뽑게 하는 것이 1단계이고, 좀 더 중요한 고객은 VIP룸으로 모신다. 그러나 그 은행의 30% 성과를 좌우하는 단 1명의 고객에게는 어떻게 할까? 이 고객이 은행에 오거나 전화하는 일은 없을 것이다. "모든 고객을 사랑하라, 그러나 큰 성과를 주는 고객은 더 사랑하라."란 말이 옳지 않을까?

중요하다고 생각하는 것을 선택하는 것이 리더이다. 당연히 선택의 기준은 기업의 성과와 핵심역량에 있다. 뛰어난 성과를 올리는 사람들의 특성을 연구하면 공통된 점이 있다고 한다. 이 공통된 특성을 정리한 것이 바로 핵심역량이다. 이 핵심역량에 집중해야 하며, 이러한 집중은 성과와 연계되어야 한다. 리더는 이러한 역량을 갖고 성과를 내기 위해 선택된 일을 꼭 이루는 악착같은 습관을 지닌 사람이다.

긍정적 사고를 한다

"나는 일평생 일하면서 큰 뜻을 이루고자 했거나, 어떤 대가를 바란 건 결코 아닙니다. 그저 모든 일을 도전으로 생각했어요. 한번 해 보는 거죠. 재미있잖아요. 해내면 기쁜 일이고 못 하면 할 수 없고요. 하지만 나 혼자 열심히 한다고 모든 일이 뜻대로 되지는 않아요. 내 경험으로 비춰 볼 때, 열심히 일하고 있으면 반드시 누군가 지켜보다가 구원의 손길을 뻗어 나를 한 단계 올려 주더군요."

1928년 태어나 숱한 역경을 딛고 인생의 성공을 이룩한 한국 최초의 패션 디자이너 노명자 선생님. 그분이 《SERI CEO 감성리더십》에서 말씀하신 본인의 성공비결이다.

긍정의 힘이 무엇일까? 노명자 선생님의 한번 해 보는

것, 재미, 함께 열심히 하는 마음이 아닐까? 직장생활을 하면서 내가 CEO라면 무슨 질문을 할까 고민해 본다.

- 당신이 회사에 헌신하는 것이 회사 이익에 어느 정도 공헌도가 되나?
- 당신의 성과가 회사 경영성과에 얼마나 영향을 미치나?
- 당신이 하는 일은 회사의 비전과 전략 달성과 얼마나 연계되어 있나?
- 당신은 진정 회사 생활이 재미있고 보람되며, 스스로 결정하고 있는가?

물론 이 글을 쓰고 있는 이 순간에도 각각의 질문에 "예, 저는 충분히 하고 있습니다."라고 답하기 어렵다. 우리는 이렇게 직장생활을 하도록 배우지 않은 부분도 있지만, 한 개인이 조직에 영향을 준다 한들 어느 정도 한계가 있다고 느끼기 때문이 아닐까?

그러나 우리는 한 개인이 어떤 생각을 지니느냐에 따라 나라와 회사의 흥망이 바뀌는 사례를 많이 보아 왔다. 트로이 전쟁의 종말은 오디세우스가 목마를 생각하는 순간 결정되었고, 삼성의 비약적인 성장은 이건희 회장의 新경영에서 창출되었다고 해도 과언이 아니다. 그들에게는 우리와 마찬가지로 위기가 있었고, 그것을 느꼈고, 그것을 해결하기 위한 Big Think가 있었다. 그것은 바로 긍정의 힘이다.

두란노 교회에서 주관하는 '아버지 학교'에 참석한 적이 있다.

아버지의 사명을 이야기하면서 본 동영상은 릭과 딕에 대한 이야기였다. 선천적 장애인으로 태어난 릭은 성장하며 처음 자신의 감정을 나타낸 말이 "달리고 싶다."였다. 아버지 딕은 아들을 태우고 달리기를 시작하여 42.195km 마라톤에 성공했다. 이후 아들의 꿈은 더욱 커져 철인 삼종 경기에 도전한다. 수영도 할 수 없었던 아버지는 수영을 배우고, 6살 때 그만둔 자전거를 다시 타 아들을 끌고 태우며 철인 삼종 경기를 끝마친다. 아들은 아버지에게 "아버지가 아니었다면 저는 이것을 할 수 없었을 거예요." 하며 감사했다.

장애인 아들이 할 수 있는 일이라고는 아버지가 끌고 밀어주는 기구에 타고 있는 것뿐이었다. 그 아들에게 철인 삼종 경기에 참석할 수 있도록 한 힘은 무엇일까? 장애인인 아들의 꿈을 들어주기 위해 아버지가 행한 힘은 무엇일까? 그것은 바로 '긍정의 힘'이다.

긍정적 사고는 현실에 대한 올바른 판단과 미래에 대한 강한 신념을 바탕으로 도전하고자 하는 사고이다. 나와 함께하는 구성원에게 나를 믿고 따를 수 있도록 솔선수범하는 사고이고, 무조건 "다 잘 될 거야."가 아닌 '잘될 수 있도록 이끌어 가는' 강한 진취적 사고 아닐까? 리더는 이러한 긍정적 사고를 스스로 갖고 실천하는 사람이면서 이를 통해 전 구성원에게 영향을 주어 그들이 소속된 회사에서뿐 아니라 사회 속에서도 건전하게 살아가도록 이끄는 사람이다.

순수함을
간직하고 있다

성당에 가면 항상 이끌림이 있다. 입구의 성모상에 이끌리고, 성전의 하느님에게 이끌린다.

어느 날 젊은 신부님이 오셔서 강론에 앞서 "사랑합니다."를 외쳤다. 순간 신자들의 멍한 표정이 이어지고, 다시 한 번 "사랑합니다." 하니, 비로소 조용한 목소리로 "사랑합니다."로 응답한다.

이후 2년이라는 시간이 흘렀다. 그 신부님은 다른 곳으로 옮기게 되었고, 미사의 강론에서 "사랑합니다." 하며 이전과 똑같이 외치자 전 신자가 큰 소리로 "신부님, 사랑합니다."를 외쳐 주었다. 떠나시는 날이라 그럴까? 하여튼 많은 분께서 눈물을 감추며 신부님의 강론을 들었고, 신부님은 주임신부님께 감사를, 신자들에게 감사와 축복을, 그리고 많은 기도를 부탁하였다. 왜 그 많은 신자가 "신부님, 사랑합니다."를 외치며 눈물을 흘렸을까?

또 다른 이야기가 있다.

어느 팀장이 A팀에서 B팀으로 옮기게 되었다. A팀의 팀원들은 옮기는 팀장에게 "팀장님, 저희와 함께 조금만 더 근무하면 안 돼요?"라고 눈물을 흘리며 서글퍼했다. 그것도 40이 넘은 차장들과 전 팀원이 그랬다고 한다. 이들은 왜 그렇게 요청하며 눈물을 흘렸을까?

많은 시간이 흘러 그 신부님이 다시 신자들 앞에 서서 변치 않는 모습으로 "사랑합니다." 하면 다시 신자들의 입이 큰 소리로 "신부님, 사랑합니다."를 외치고, 다른 조직에 간 그 팀장이 다시 조직장으로 오면, "감사합니다." 하며 그 팀원들이 반길까? 당연히 "사랑한다."라고 외치며 반길 것이다. 그들의 마음속에 순수함을 일깨워 준 리더였기 때문이다. 속세와 다소 떨어져 그들에게 인간으로서의 정을 느끼게 해 준 순수한 사람이었기에 그들의 마음속에 강하게 인식되어 있기 때문이다.

"세상은 변한다."라고 한다. 너무나 많은 개인의 욕심과 조직의 이익에 순수했던 감정이 메말라 가고, 점차 이기적으로 나 자신만 생각하는, 손해 보지 않는 나로 변해 간다고 한다.

그러나 마음 한구석에는 따뜻한 감정이 있다. 부모님에 대한 미안함, 친구에 대한 그리움, 그리고 살아오면서 보이지 않게 도움을 준 그 모든 사람에 대한 감사하는 마음이 저 밑 어느 곳에서 움츠리고 깨어날 날만 기다리고 있다.

순수함은 인간미의 근원이다.

지혜가 뛰어난 리더가 있다. 선견력이 있고 판단력이 좋아 항상 앞서가는 리더를 배우려는 후배들이 있다. 도전하고 또 도전하여 실천하는 리더가 있다. 이들의 도전의식과 추진력을 본받으려는 후배가 있다. 창의력과 문제해결 능력이 뛰어난 리더가 있다. 그러나 이들이 지위와 힘을 잃으면 아무도 이들을 본받으려 하지 않는다. 마음을 울리는 리더, 마음속에 간직하여 영원히 삶의 지침이 되어주는 리더는 순수함을 간직하고 사람을 진정으로 사랑하는 리더이다. 이러한 리더에게 직원들은 마음을 바쳐 함께하려고 한다.

합의를 이끌고
센터링을 한다

"요즘 CEO는 수천 년 전 모세의 교훈을 간과하고 있다. 십계명을 다른 사람에게 전해주는 일은 쉬워도, 따르도록 하는 일은 어렵다."

마이클 로베르토가 쓴 『합의의 기술』이란 책에 나오는 구절이다. 사실 회의에 참석하게 하기는 쉬워도 참석자의 합의를 이끌어내기는 너무나 어렵다. 강력한 카리스마가 있는 경영자가 제안한 것이라면 그 권위에 눌려 합의할 수도 있지만, 밑에서 올라오는 제안이라면 부서와 개인의 이기주의로 인하여 합의가 쉽지 않다.

문제는 이러한 합의를 이끌어내지 못한다면, 조직 내의 일이 미뤄지거나, 비공식적으로 처리되는 분위기가 습관화되고 그것이 문화로 정착되어 간다는 점이다. '청년중역

제도'를 도입하여 전사 차원의 개선 아이디어를 발표하게 한 A기업은 10년이 지나면서 이 제도의 존폐마저 고려하게 되었다. '청년중역'이 어느 특정 부서의 개선안을 내면 그 조직의 부서장이 발끈하고, 그 부서에 있는 '청년중역'은 억울한 피해를 보게 된 것이다. 자연히 특정 부서의 제안은 줄어들고, 전사 차원의 일반적인 이슈에 대한 제안만 늘게 되었다. 극도의 부서 이기주의의 단적인 사례이다.

전사 차원의 합의를 이끌어 가기가 얼마나 어려운 것인가는 여러 회의의 모습을 통해 쉽게 알 수 있다. 회의 참석자가 말을 안 하고 있는가? 혹은 치열하게 의견을 나누고 있는가? 말을 안 하고 결정이 났다면 분명 실행이 쉽지 않을 것이다. 반면 치열하게 의견을 나누다가 합의가 이루어졌다면, 그 제안은 각 부서의 지원을 받으며 쉽게 실행될 것이다. 민감한 주제와 낮은 직급 직원의 제안, 회의를 주관하는 사람에 따라 회의의 결과가 달라지고 합의가 이루어지지 않는다면 그 회사의 의사결정 방식은 뛰어나다고 볼 수 없을 것이며, 중간관리자와 사원들은 우리 회사는 의사결정을 하기 어렵다고 이야기할 것이다.

어떻게 구성원에게 의사결정이 공정하다고 느끼게 하고,

결정된 의사결정의 실행력을 높일 것인가? 마사 펠드먼과 제임스 마치는 "많은 양의 정보를 활용하고 더 많은 사람으로부터 의견을 구하는 것은 의사결정의 정당성을 부여하는 효과적인 방법이다."라고 이야기했다.

일방적인 지시보다는 그 의사결정에 대해 더 많은 사람의 의견을 경청하고, 관심을 보여주며, 그들의 의견이 의사결정에 반영되도록 좀 더 노력하고, 합의를 이끄는 것이 보다 공정하고 실행력을 높이는 일이다. 실행력을 높이기 위해서는, "내가 실행한 것에 무조건 따라 달라."는 지시보다는 "함께 이 일을 성사시키기 위해 도와 달라."는 자세가 더 중요하다. 리더라면 "내가 할 일이다."라고 하기보다 "우리가, 특히 홍길동 씨가 제안한 이 일은 우리 회사에 많은 성과를 창출하는 매우 중요한 일인 만큼 다 함께 해보자."라고 강한 동기부여를 해야 한다. 리더의 보이지 않는 센터링은 팀 승리의 숨은 원동력이며, 조직을 지속 성장하게 하는 힘이다.

프로세스의 차이가 실행력의 차이를 결정지을 수 있다.

A그룹의 경영회의는 회의 전에 미진 업무 점검부터 시작하여 해당 업무를 언제까지 할 것인가 확인한다. 회의가

끝나기 직전엔 당일 결론 및 해야 할 일 리스트를 정리하여 참석자 전원에게 공유한다. 반면 B그룹의 경영회의는 주간 업무 실적과 계획의 보고뿐이다. 누가 무슨 업무를 수행했고, 지금 무슨 일을 하겠다는 내용의 공유밖에 없다. 이 그룹에서는 토론이 되지 않는다. 남이 나의 일에 간섭하는 것을 참지 못하다 보니, 그 누구도 남의 일에 조언하거나 문제점을 제시하려고 하지 않는다. 의견은 없고 침묵만 흐를 뿐이다.

직원의 말을
경청한다

아내가 화를 낸다. "도무지 당신과는 대화가 안 돼. 몇 번을 이야기해야 알아들어?" 40년 넘게 만나 30년 넘게 결혼 생활을 한 아내의 한마디이다. 아내의 이야기에는 항상 주변 이야기가 많다. '누가 어떻게 했고, 누가 뭐 했고 등등' 나는 바로 "결론은 뭔데?" 하며 끊는다. 아내가 화낼 만도 하다.

하물며 회사 내 직원들에게는 얼마나 더 인내하며 경청하겠는가. 회의 시간을 돌아본다. 분명 해야 할 일이 많고, 누군가의 제안이 절실하며, 짧은 시간에 해결할 담당자를 정해야만 한다. 하지만 이야기가 오가면 필요한 것들과 너무나 동떨어진 이야기에 짜증이 난다.

"됐어, 이렇게 하고, 이 일은 홍길동 씨가 담당해줘요.

다른 할 말 있나요?"

당연히 아무도 없다. 회의는 이렇게 끝나고 다음 회의에
그 누구도 이야기하려 하지 않는다. 분명 조직의 장에게
무슨 생각이 있을 거라고 예상하기 때문이다.

우리는 주위의 이야기를 얼마나 경청하는가? 나름대로
경청의 4가지 원칙을 정해 본다.

- 말하는 사람의 이야기 가운데, Key-word와 의미의 핵심을 파악하고 있는가?
- 내 개인적 판단 없이 사실 그대로를 듣고 있는가?
- 미리 결론을 짓지 않고 집중해서 듣고 있는가?
- 말하는 사람이 끝날 때까지 기다려 주는가?

무척이나 힘들다. 우리는 어느 순간에 효율성을 추구하
는 습관에 너무 깊숙이 젖어 있다. 기다려 주지 못하고, 순
간적인 화를 참지 못한다.

한 이야기가 있다.

회사의 조직장이 되어 처음 출근하는 아들에게 "참아야

한다."라고 노모가 당부한다. 아들이 "예, 알았습니다." 하고 나가려 하자, 노모는 다시 "애야, 참아야 한다." 하며 재차 당부한다. 아들은 나가다가 "예." 하고 말하고 대문을 나서는데, 노모가 다시 불러 "애야, 참아야 한다."고 또 말씀하셨다. 아들은 바쁜데 3번이나 같은 말을 듣게 되자 화를 내며 "어머니, 3번째란 말입니다. 알아요, 참으라는 것" 하며 소리를 높였다. 노모는 "너는 겨우 나의 말을 3번 듣고 화를 내는데, 직원의 말은 몇 번 들을까?" 하며 아들을 타일렀다.

코츠의 『행동이 성과를 만든다』란 책은 "리더십의 본질은 성과를 개선하도록 사람을 이끄는 것이며, 한 조직의 성과에 대해 가장 큰 책임을 지는 사람이 바로 리더"라고 말한다. 하지만 리더의 이 책임의식이 경청을 어렵게 한다.

말을 갓 배운 어린아이를 상대로 우리는 어떻게 의사소통하는가? 도통 알아들을 수 없는 이야기를 아이의 행동과 종합하여 판단하고 자주 묻는다. 이거 맞아? 이거 맞아? 누가 아이가 된 것인지 구분이 안 된다. 그리고 아이는 본인의 생각이 전해졌을 때 해맑은 미소로 말을 대신한다.

리더의 경청은 현재가 아닌 미래를 위해 기다려 주며, 성과를 창출하도록 구성원들을 이끄는 가장 효과적인 무기이다.

공정하다

두 명의 딸이 있는 아버지가 있다. 한 달에 한 번씩 초등학생과 고등학생인 두 딸에게 용돈을 주는데, 용돈의 총액은 110,000원이다. 이때 초등학생인 딸에게는 10,000원, 고등학생인 딸에게는 100,000원을 주었다면 이는 공정이다. 초등학생인 딸과 고등학생인 딸 모두에게 55,000원씩 주었다면 공평하다고 본다.

어느 방법을 택해도 불만은 있을 수 있다. 당신이 리더라면 어떻게 하겠는가? 공정과 공평을 자주 이야기한다. 직원들은 리더의 공정한 업무 분담에 존경하게 된다.

두 직원이 있다.

한 직원은 열심히 일하지 않고, 그저 시간만 축내는 사람이다. 그는 온종일 시간을 보내다가 퇴근 시간이 되면 바로 퇴근한다. 다른 한 직원은 일 그 자체를 사랑하며, 자신의 책임 아래 많은 업무가 성취되는 것을 즐긴다. 이 직원에게는 항상 중요한 일이 배정되었고, 그는 최선을 다해 처리했다.

만약 급여와 성과급의 차이가 없거나, 크게 차이가 나지 않는다면, 어떻게 되겠는가? 어느 날 갑자기 시간만 축내던 직원이 열정에 불타 업무에 전념하겠는가? 아니면, 항상 최선을 다하던 직원이 갑자기 실망하여 저성과자가 되겠는가? 당신이 공정한 리더라면 어떻게 행하겠는가?

제도 공정성에는 어려움이 있다. 평가의 공정성을 위해 면담을 강화하고, 불만족스러운 평가에 대한 이의를 제기토록 해야 한다. 평가자 교육 후에 2등급 이상의 평가 차이가 있을 시, 소명토록 하는 여러 제도를 사용해도 막상 평가가 공정하다고 생각하는 사람은 적다. 왜 이런 현상이 일어나는 것일까?

근본적으로 우리 직장인 대부분은 자신이 보통 사람보다

잘하고 있다고 생각한다. 또한, 내가 하는 일은 중요하며, 나 아니면 이 일을 하는 게 어려울 것이라고 느끼고 있다. 이런 사고를 지닌 구성원에게 낮은 평가 또는 낮은 보상을 준 후, 그 결과를 받아들이게 하는 것은 어렵다. 그 어떤 경우도 그가 공정하다고 생각하게 하기는 쉽지 않을 것이다.

공정하게 행하는 주체는 리더이다.

먼저 사랑하는 마음을 지녀야 한다. 구성원의 미래를 위해 성장하도록 지원해 주는 멘토가 되어야 한다. 나아가 뚜렷한 목표와 판단 기준을 갖고 있어야 한다. 리더의 목표와 판단 기준이 낮거나 없으면 결코 공정해질 수 없다. 마지막으로 항상 기록하며 순간순간 정확하고 빠른 피드백을 해줘야 한다. 많은 시간 리더와 함께하고, 올바른 피드백을 받은 사람은 그 시간의 나눔을 통해서 리더가 보다 공정하다는 인식을 가질 것이다.

책임을 진다

"나는 매우 행복한 사람이다. 내 위에는 마지막 책임을
질 대통령이 있었다."

한 나라의 부통령을 지닌 사람이 이렇게 말했다면 믿어
지겠는가?

하나의 사례가 있다.

어느 회사에서 직원의 부정으로 인하여 많은 금전적 손
실이 발생했다. 금액이 워낙 크다 보니 쉬쉬할 상황이 되
지 못했고, 결국 최고 경영층에서 알게 되었다. 감사부서
가 감사를 시작했고, 한 직원이 아닌 조직 전체의 부정이
연루되어 있었다는 것이 밝혀졌다. 과거부터 내려와 어느
정도 관행화된 일이었다. 다만, 지금 폭발한 것뿐이었다.

아무도 이 일에 대해 책임지려고 하지 않았다. 그때, 다른 조직의 장으로 간 그 조직의 전임 조직장이 "내가 있을 때 발생한 일이고, 나의 책임이기 때문에 내가 퇴직하겠다. 아래 직원들은 잘못이 없다. 조직장인 나의 책임이다."라고 하며 사직서를 제출했다. 벌써 그 조직을 떠난 지도 2년이 된 시점에서….

기업은 책임경영을 이야기한다. 삼성의 이병철 선대회장은 책임경영에 대해 "경영자는 책임경영, 관리자는 책임관리, 사원은 책임 수행으로 각자가 소신껏 자기 직분을 다하는 것이다."라고 강조했다. 남의 일이 아닌 바로 내 일이라는 생각, 내가 담당한 일은 내가 가장 전문가이며, 내가 사장이라는 생각이 중요하다. 이러한 생각이 조직문화로 뿌리 깊게 자리하고 있을 때, 그 회사는 성장할 수 있다.

어떻게 책임경영을 조직문화로 자리 잡게 할 것인가?
어떤 사람이 그것을 가능하게 할까?
먼저, 책임을 지는 사람이다. 책임경영이 되기 위해서는 무엇보다도 권한위임을 바로 알아야 한다. 권한을 줬다 하더라도 책임까지 준 것은 아니다. 직원이 잘못했을 때, 그 책임은 당연히 리더가 지는 것이며, 이를 수용하고 인식시켜야 한다. 리더가 위 사람의 지시를 아래 사람에게 전하고, 아래 사람의 잘못을 윗사람에게 고자질하는 징검다리가 되어서는 안 된다.

두 번째, 직원들이 스스로 일하게 만드는 사람이다. 본인의 일은 스스로 책임지도록 자주적 관리가 선행되어야 한다. 하나에서 열까지 간섭한다면, 리더는 몸이 열이라도 부족하다. 본인의 일에 전문가가 되어 현장에서 모든 문제가 종결될 수 있도록 관리해 나가야 한다. 그날의 일과 책임을 다할 때까지, 하루가 끝났다고 생각하지 않도록 해야 한다. 자신과 직원들이 부단히 자기계발을 하도록 종용해야 한다. 책임은 책임질 수 있는 사람에게 주어진다. 책임질 수 없는 사람에게 책임이 주어질 때, 큰 문제가 발생하는 법이다. 책임질 수 있도록 연마시켜야 한다. 책임진다는 것은 고통이 아니라 성장의 길로 가는 지름길이기 때문이다.

이긴 후에
더 주의한다

알렉산더 대왕이 페르시아의 다리우스 왕과 격돌한 이수스 전투 이야기이다. 수적인 강세를 가진 다리우스 왕은 중앙에서 지휘하였고, 열세인 알렉산더 대왕은 선봉에 서서 공격하였다. 왕의 용맹에 힘입어 결국 알렉산더 대왕이 승리하였고, 다리우스 가족은 이들을 영접하게 되었다.

당시 다리우스의 어머니는 알렉산더를 몰라보고, 실수로 그의 친구인 헤파이스테온에게 감사의 인사를 했다. 이때, 알렉산더는 "실수가 아닙니다. 헤파이스테온 또한 알렉산더입니다."라고 하며 응답함으로써, 다리우스의 어머니에게는 안도감을, 자신의 친구에게는 우정을 심어주었다. 그 후, 다리우스가 부하 베소스의 음모로 죽게 되자 이 말을 들은 알렉산더는 예우를 다해 다리우스의 장례를 치르고, 베소

스는 끝까지 추격하여 처형하였다.

이렇게 수많은 전쟁에서 이긴 알렉산더는 "적의 몸은 무릎 꿇게 할 수 있으나, 적의 마음은 꿇게 할 수 없다."라는 유명한 말을 남겼다.

이긴 후가 더 어렵다고 한다. 패한 사람은 분한 마음이 있고, 실력이 아닌 운 등을 이유로 승복하지 못한다. 죽고 죽이는 전쟁이 아닌 이상에는 승자에 대해 좋은 감정을 간직하기란 쉽지 않다. 승자가 관용을 베풀어야 한다. 영국의 윈스턴 처칠 수상도 "전쟁할 때는 과감하고, 패배했을 때는 도전하고, 승리했을 때는 관용을 베풀고, 평화 시에는 선의를 가져라."라고 말했다. 남의 단점을 덮어주어야 한다. 남의 단점을 이용한다면, 자신의 단점을 더욱 돋보이게 하는 것이다. 만약 남이 너무나 완고하여 본인의 생각만을 고집하려 한다면, 잘 타일러 이치를 깨우쳐 줘야 한다. 내가 화를 낸다면 나의 완고함으로 남의 완고함을 더욱 완고하게 만드는 것이다. 이긴 후, 진 사람의 마음을 달래주어야 한다. 진 사람이 나에 대해 선한 마음이 들 때까지 용서할 것은 용서해야 한다.

최근 리더를 힘들게 하는 많은 일이 있다. 그중에 자신보다 입사 선배가 아래 직원으로 있는 경우도 힘든 일의 한 사례이다. 어떻게 나를 따르고, 그가 지닌 경험과 스킬을 공동의 목표를 향해 이바지하게 할 것인가? 어떻게 내가 마음을 다하여 최선을 다하고 있음을 보여줄 것인가? 분명 리더로서 우쭐하며, 지시하는 나의 모습은 아닐 것이다.

part 1 서로의 마음열기

part 2

비전 제시

리더의 파워는
어디에서 나오는가?

삼성 이병철 회장은 최고경영자의 자질이 중요하다고 강조하며, 사장의 조건을 7가지 말했다.

- 첫째, 덕망을 갖춘 훌륭한 인격자.
- 둘째, 탁월한 지도력을 가진 인물.
- 셋째, 신망을 받는 인물.
- 넷째, 풍부한 창조성을 가진 인물.
- 다섯째, 분명한 판단력을 가진 인물.
- 여섯째, 추진력을 가진 인물.
- 일곱째, 책임질 줄 아는 사람이다.

이 중에서도 이 회장이 리더에게 가장 필요한 조건으로 뽑은 것은 덕망을 갖춘 훌륭한 인격자이다. 리더는 덕망이 높은 사람이 되어야 한다. 가장 실질적이고 강력한 힘은 도덕적인 힘이라 생각한다. 진실하게 신의를 지키고, 덕망을 갖춘 믿음직한 리더는 반드시 그를 따르는 사람들이 있다. 회사에 아무리 유능하고 좋은 학교를 졸업한 뛰어난 사원이 많다 하더라도, 이들에게 방향을 제시하고, 하나로 묶어 힘을 발휘하도록 이끌어 주는 사람이 필요하다. 성실하기만 해서는 이끄는 사람이 될 수 없다. 기본적으로 넓고 깊은 식견을 바탕으로 덕을 겸비해야만 한다. 거대한 기업을 이끌고 나가는 사람은 힘이 강한 사람이 아닌 덕망이 높은 사람이다.

현대 기업에서 리더의 파워는 어디에서 나올까? 한국 사회에서 군대를 다녀온 사람이라면, 계급, 근속, 나이를 이야기할 것이다. 그러나 조직 생활을 하는 직장인이라면, 합법적 직위가 가장 우선일 것이다. 회사가 부여한 대리, 과장, 차장, 부장, 상무, 전무 등 직위가 높은 사람이 보다 파워를 갖게 된다. 만약 직위/직책이 구분된 회사라면 직책팀장, 부문장, 본부장, 대표이사이 리더에게 파워를 주는 원천이 될 것이다.

직책을 맡은 사람이 행사하는 파워 중 대표적인 것이 평가, 보상 및 승진이다. 평가는 자신의 말에 따르지 않는 구성원에게 부정적 파워를 미칠 수 있다. 아울러 자신의 철학과 전략에 따라 성과를 올리는 구성원에게는 긍정적 파워를 줄 수 있다. 보상은 금전적 보상으로 연봉, 복리후생 등이 있으며 비금전적 보상으로 칭찬과 인정, 성장기회 부여 등을 살필 수 있다. 이러한 보상을 통해서도 긍정적/부정적 파워를 구사할 수 있다. 그러나 보상을 통해 구성원을 동기부여 시키기에는 한계가 있다. 승진은 상위 직위로의 이동이므로 평가나 보상보다 더욱 적극적인 파워를 가진 수단이라 할 수 있다.

이러한 직책에서 오는 파워는 구성원이 어느 정도 인정해주느냐에 따라 천차만별이다.

직책에서 오는 파워보다 한 단계 위의 파워가 바로 전문성에서 오는 파워이다. 조직 생활과 업무추진을 위해 그만이 가진 전문성이 있다면, 파워는 스스로 창출될 수밖에 없다. 만약 직책이 높은 사람이 전문성도 높다면, 이 자체가 강력한 파워가 된다. 한 기업의 대표이사가 학력도 외국 박사이며, 그 기업에 가장 오래 근무했으며, 다양한 직무를 경험했고, 더군다나 오너라면 누가 그 앞에서 반대의 견을 낼 수 있겠는가?

하지만 직책과 전문성만으로는 존경받는 리더로서 그 영향력이 오래 가지 못하는 경우가 있다. 이 위에 하나 더 필요한 역량이 있다. 바로 올바른 품성을 바탕으로 한 가치관이다. 구성원들이 마음속 롤모델로서 진정으로 존경하는 리더는 올바른 품성을 바탕으로 높은 전문성을 발휘하면서 조직과 구성원의 마음을 훔칠 수 있는 관리역량을 갖고 성과를 창출하는 리더이다. 즉 이러한 리더가 가장 이상적인 리더인 것이다.

살면서 꼭 해보고 싶은 일

『내 인생을 바꾼 한 권의 책』에서 본 글이다. 데이비드 슈워츠는 『크게 생각할수록 크게 이룬다』를 읽고, 다섯 개의 영역으로 108개의 목표를 세웠다고 한다. 남편/아버지로서, 영적으로, 직업에서, 재정적으로, 재미로 108개 목표를 정했다. 그중에는 비행기에서 뛰어내리기, 제트전투기로 항공모함에 착륙하기, 잠수함 타고 대양 여행하기, 투나잇 쇼에 출연하기, 대통령과 만찬 하기, 교황 만나기, 아프리카 사파리 탐험, 팜플로나에서 소몰이하기 등이 있었다. 이 중 그는 102개를 이뤘다.

만약 그가 108개의 목표를 세우지 않았다면 그는 비행기에서 뛰어내리지 않았을 것이다. 제트전투기를 탈 일이 없었을 것이다. 나아가 대통령과 만찬을 하기 위해 수없이 노력하지 않았을 것이다. 그가 이런 행동을 한 것은 오로

지 108개의 목표가 있었기 때문이다.

영화 《버킷리스트》에 출연한 잭 니콜슨과 모건 프리먼은 딱 6개월만 살 수 있다면 가장 하고 싶은 것 3가지씩을 적는다. 모건 프리먼은 '모르는 사람 도와주기, 큰 소리로 웃기, 장엄한 것을 보기'를 적고, 잭 니콜슨은 '아름다운 여인과 키스하기, 문신하기, 스카이다이빙 하기'를 적고 실천한다. 죽음 앞에 그들은 진정한 친구가 되어 결국 서로의 인생에 참된 기쁨을 준다. 병실에서 서로를 알지 못하고 말없이 헤어져 잊힌 존재가 되었을 그들이 친구가 될 수 있던 이유는 '하고 싶은 3가지'가 있었기 때문이다.

당신이 살면서 꼭 해보고 싶은 일이 있다면 무엇인가? 평생을 한 가지 일을 하고, 그 속에서 행복을 느끼고 주님의 곁으로 간 사람이 있다. 평생 자신이 하고 싶은 것을 찾다가 결국 찾지 못하고 떠난 사람도 있다. 그리고 자신이 하고 싶은 모든 것들을 하면서 삶을 즐기고 떠난 사람도 있다. 개인으로서 당신은 하고 싶은 많은 것들의 순서를 정해 평생 하나씩 하나씩 지워 가며 즐기며 살 수 있다.

당신이 꼭 해보고 싶은 일이 있다면 무엇인가? 리더의 비전은 자신의 신념이며 모두에게 약속하는 선언이다. 당신은 당신만을 위해 꼭 하고 싶은 일을 정하는 것이 아닌, 회사와 조직을 위해 꼭 하고 싶은 일을 정해야 한다.

무엇이 있을까? 우리 회사를 가장 근무하고 싶은 회사 10위 이내에 10년 연속 포함되도록 만들기, 가장 존경받는 기업 TOP 10, 인류사회에 가장 공헌한 기업 TOP 10, 매년 M/S 20% 이상을 3년 이내 새로운 아이디어로 개발된 제품이 차지하는 기업으로 만들기 등이 있지 않을까?

정년퇴임을 하며 "이 회사에서 근무한 35년은 행복했습니다. 결혼하여 아이를 낳고 잘 길렀으며, 우리 가족이 행복하게 살 수 있었던 것은 회사와 여러분이 있었기 때문입니다. 감사합니다."라고 인사말을 할 수도 있다. 하지만 이보다는 "제가 이 회사에서 최초로 이 제품을 개발했고, 이런 특허를 받았고, 이렇게 따라올 수 없는 성과를 창출했습니다. 후배 여러분, 회사가 지속 성장할 수 있도록 저의 어깨 위에서 더 길고 멀리 보길 기원합니다. 저는 이 회사를 떠나는 것이 아니라 마음에 계속 담고 제 기록이 깨질 날을 기다릴 것입니다."라고 말하고 싶다. 당신이 진정으로 꿈꾼다면, 당신의 꿈은 언젠가는 이루어진다.

리더의 비전

리더가 회사의 성장과 경영 활동에 전념하고 있는지 판단하는 기준은 어떤 비전과 장기 전략을 구상하고 공유하며 실천하고 있는가를 보면 알 수 있다. 급변하는 경영환경을 분석하고, 예측하며, 이에 대응하기 위한 기업의 전략을 찾아내고, 이를 강력하게 추진해야 한다.

리더의 뛰어난 비전과 전략은 구성원에게 판단의 기준이며, 행동의 시발점이다. 구성원들은 그들의 비전으로 인하여 가슴이 설레고, 자신에게 주어진 그 무엇을 강하게 실천하게 된다. 비전 없이 사는 리더는 살아가는 의미를 상실한 것과 마찬가지이다. 애벌레는 7번 탈바꿈해서 매미가 된다고 한다. 끊임없는 변화를 통해 자신을 만들어 가게 하는 것이 비전이다. 그래서 비전을 갖고 있는 사람은 항상 성장하며, 늘 분발하고 매진한다.

비전을 어떻게 수립하여 실천할 것인가?

어느 기업에서 비전을 수립한다고 컨설팅을 받는 모습을 지켜보았다. 구성원에게 설문을 통해 비전 문구를 공모하고, 최고 경영층과의 인터뷰를 통해 비전을 정하고 발표하였다. 모든 구성원이 참여했고, 구성원의 염원이 담겼기 때문에 그 비전은 꼭 달성되리라는 희망도 강했을지 모른다.

비전은 기업과 구성원의 미래를 밝혀 주는 등대 역할을 한다. 비전 설정에 많은 사람이 동참하는 것은 매우 의미가 있다. 그러나 그 비전이 실천되는 것은 차원이 다른 이야기이다. 비전은 리더의 철학이며, 적극적인 열망을 담아야 한다. 그리고 내재화시켜야 한다. 자연스럽게 행하도록 해야 한다.

여기 비전을 실천하는 사례가 있다.

어떤 부부가 디즈니에서 인턴사원을 하는 아들의 초대로 디즈니월드를 방문했다. 관람 도중 아들은 부모에게 잠깐 기다리라고 하더니 표정이 시무룩한 한 여성 관람객에게

다가갔다. 재미있는 몸짓과 말로 관람객의 표정을 밝게 바꿔 놓고 돌아온 아들은 궁금해하는 부모에게 이렇게 말했다. "만약 그분이 계속 얼굴을 찡그리고 다니면 다른 사람들도 얼굴을 찡그릴 것 아니겠어요? 여기는 지구상에서 가장 행복한 곳인데, 그러면 안 되죠."

아버지는 아들의 프로정신을 대견해 하면서도 한마디 물었다.

"월트 디즈니가 죽은 지가 언젠데 아직도 그 사람이 말한 비전 타령이냐?" 아들은 "디즈니는 없지만, 그의 비전은 여기에 살아 있습니다. 그것이 바로 디즈니 테마파크가 세계 초일류로 운영되는 이유지요."라고 답했다.

울상인 손님의 기분을 바꾸라는 규정은 디즈니월드 어디에도 없다. 하지만 정식 직원이 아닌 인턴사원조차도 "지구상에서 가장 행복한 꿈의 동산을 만드는 데 동참하겠다."라는 열정을 공유하도록 한 게 디즈니의 업적이다.

또 다른 사례가 있다. A그룹의 공장이 자신들보다 더 작은 B그룹으로 매각되었다. 모든 시설뿐 아니라 전임직원을 승계한다는 조건이었다. 임직원들은 분개하였고 두려움도 있었다. 이들을 인수한 B그룹이 가장 먼저 한 일은 그룹의 가치관 교육이었다. 이들은 인수된 지 1년 만에 기존의 이익의 5배가 넘는 큰 성과를 창출했다.

가치 기준과 원칙을
명확하게 부여한다

리더에게 있어 업의 개념은 무엇일까?

피터 드러커는 "미래에 의미 있는 결과를 가져올 기회에 자원을 배치하고 노력하는 것"이라고 했다. 이것이 실천되지 않는 이유는 무엇일까? 여러 가지 이유가 있을 것이다. 개인적으로는 리더의 가치 기준과 원칙이 분명하지 않기 때문이라고 본다.

가정마다 가훈이 있을 것이다. "남을 사랑하라."라는 가훈이 있다면, 아무래도 남과 다투기보다는 한 번 더 생각하고 참는 행동을 한다. 불쌍한 사람을 보면 좀 더 측은한 마음을 갖고 배려할 것이다. 가치와 원칙이 사고와 행동 및 의사결정의 기준이 되기 때문이다.

회사는 어떻게 핵심가치를 실천할 것인가? 회사마다 핵

심가치를 정해 사무실 벽에 걸어놓고, 개인 업무일지 앞장에 끼워 놓는다. 심한 경우, 조그만 카드 형태로 개인에게 지참토록 한다. 물론 이러한 노력으로 핵심가치가 더 내재화되어 행동으로 이어질 수는 있다. 그러나 좀 더 실천을 높이기 위해서는 방법을 바꿔야 한다.

첫째, 핵심가치의 의미를 분명하게 인식시켜야 한다.

이전 회사의 핵심가치는 신뢰, 유연, 도전, 탁월이다.

어느 행동이 신뢰받을 행동이며, 어느 행동이 신뢰받지 못한 행동인가를 분명히 인식시켜야 한다. 회사에서 말하는 '신뢰'의 정의는 "자신의 역할을 다하고 서로 믿고 존중한다."이다. 신뢰받는 행동을 창출하기 위해서는, 자신의 역할이 무엇인지 알려 줘야 한다. 자신의 역할이 무엇인지 모르면서 역할을 다하라는 것은 말이 안 된다. 서로 믿고 존중하라고 했다면 서로 믿고 존중하는 행동이 어떤 행동인가 보여줘야 한다. 이를 위해서는 핵심가치 해설집을 제작하고, 이를 교육하여 전 구성원이 통일된 인식을 가지도록 하는 것이 중요하다.

둘째, 핵심가치가 실천되는지 점검하고 평가하여 피드백

해야 한다.

모니터링 방법은 여러 가지가 있다. 인터뷰와 설문지를 이용하는 방법도 있고, 일정 지표를 정해 점검하는 방법도 있다. 중요한 것은 측정 후 평가결과를 피드백해 실제로 개선되어야 한다는 점이다.

셋째, 꾸준히 행하게 해야 한다.

회의 시에도 외치게 하고, 핵심가치 실천을 평가하고, 우수한 사람을 시상해야 한다. 핵심가치로 인한 성과가 창출될 수 있도록 사례개발 등 지속적 노력이 필요하다.

넷째, 조직장의 참여가 중요하다.

핵심가치와 원칙은 리더가 먼저 솔선수범해야 한다. 리더가 가치와 원칙에 벗어난 행동을 하는데, 이에 대한 불이익이 없다면, 아무도 정해진 가치와 원칙을 지키려 하지 않는다. 리더가 당연히 모범을 보여줘야 한다.

회장이 한번 이런 질문을 했다. "홍 팀장, 우리 임원들이 핵심가치를 얼마나 외우고 있을까?" 그래서 회의 시간에 벽에 걸린 핵심가치 실천문 액자를 없앴다. 그 후 핵심가치 실천문을 회의 전 전원이 복창했는데, 이날 핵심가치 실천문을 외워 복창한 사람은 회장과 홍 팀장, 단 둘뿐이었다.

리더가 직원에게는 외우라고 하면서 정작 본인은 외우지 않으면 직원들은 이 또한 지나간다고 생각한다. 어떤 일에 자신이 소요한 시간이 길면 길수록 그 업무에 애착을 더해 간다. 리더가 핵심가치와 원칙을 가르치고 행하는 데 많은 시간을 투자하고 솔선수범해야 한다.

목표는 더 높이 더 멀리

목표 없이 산다는 것은 위험한 일이다. 또 목표가 있더라도 그 수준이 낮다면 열정을 살리는 데 한계가 있다. 목표는 가능한 한 더 높게 설정해야 한다. 90%만 목표로 세워 놓고 100% 초과 달성하는 것보다 120% 목표를 세우고 110% 이상 달성하는 것이 바람직하다. 목표가 높고 멀리 있으면 이를 달성하고자 하는 의욕과 실행력이 뒤따른다. 현재 내가 어떤 수준에 있느냐는 그리 중요하지 않다. 미래의 자신의 모습을 기대하며 그 가능성에 도전해야 한다.

10년 후를 생각해 봐라. 지금 하루하루 살아가는 사람과 큰 목표를 정해 구체적인 실천을 하는 사람과는 분명 차이가 있을 것이다. 10년 후가 되었을 때, "내가 10년 전에 이렇게 했더라면, 지금 이렇게 되었을 텐데."라고 후회하는 것은 허무한 이야기일 뿐이다. "향후 10년 후 이런 모습이 되기 위하여 지금 이렇게 하겠다."가 자신에게 도움 되는 이야기이다.

높은 목표를 수립하는 과정에서 자신의 가능성을 믿어라. 개인의 능력은 무한하다. 장애를 지닌 사람 중에서 올림픽에서, 예술계에서, 각 분야에서 뛰어난 성취를 이룬 사람들의 이야기를 종종 듣는다. 그들에게 공통된 점은 "나는 할 수 있다."라는 확신이 있었다는 점이다.

올림픽에 출전하는 선수들은 4년을 준비해 도전한다. 100m 단거리 선수는 10초 이내로 승부가 결정된다. 10초를 넘으면 올림픽 메달을 딸 가능성이 없다. 10초 이내로 달리기 위해 이들은 무려 4년 넘게 죽도록 뛰고 또 뛴다. 만약 당장 10초 이내로 달릴 수 없다고 이들이 올림픽을 포기할까? 내가 할 수 있다는 생각을 하는 순간 불가능한 일들이 가능으로 바뀐다.

"시작이 반이다."란 말이 있다. 시작은 자신감을 가지고 출발해야 한다. 산을 오르다 보면, 어느 순간 내가 이렇게 높이 올라왔나 놀라 스스로 대견해 할 때가 있다. 자신의 가능성을 믿고 출발하는 것이 중요하다.

목표가 의미를 지니기 위해서는 도전적이여야만 한다. 발레리나 강수진 씨는 항상 자신이 서 있는 지점보다 더 높은 단계로 가기 위해 하루 15~19시간을 연습하며, 세계 정상에 우뚝 섰다. 세계 정상에 서겠다는 목표가 있기에 그 혹독한 연습이 가능했다. 뛰어난 리더는 항상 자신이 서 있는 지점보다 높은 곳을 마음에 두고, 이를 추진한다.

3분 안에
자신의 역할을 설명한다

엘리베이터 안에서 만난 대표이사가 당신에게 "당신의 역할이 무엇이냐?"고 질문을 했다면 당신은 엘리베이터가 멈추기 전, 그 짧은 시간 안에 대답해야만 한다. 만약 준비되어 있다면 당황하지 않을 것이다. 그러나 한 번도 자신의 역할에 대해 구체적으로 생각해 보지 않았다면, 10초 정도의 그 짧은 시간은 당신에게 너무나 긴 시간이 될 것이다.

3분 안에 자신의 역할을 설명할 수 있어야 한다. 삼성인력개발원을 방문한 한 유명인사가 지나가는 교육 담당자에게 본원의 역할이 무엇이냐고 물었다. 그는 "이곳은 삼성의 가치를 계승, 발전시키는 곳이며, 우수 인력에 지식을 전달하는 곳이며, 전임직원에게 정보를 제공하는 곳이다."라고 이야기했다. 다른 층에서 만난 다른 교육 담당자도 똑같은 이야기를 했고, 식당에서 식사하는 관리자도 마찬가지 이야기를 하는 것을 보며, 삼성의 교육이 왜 강한가를 알게 되었다고 한다.

조직문화팀장으로 있을 때이다. "당신의 역할이 무엇이냐?"는 질문에 "우리 회사에 근무하는 모든 구성원이 '이 회사에 근무하는 것이 자랑스럽다'라고 생각하도록 하는 것이 내 역할입니다."라고 말했다. 물론 다소 일반적인 내용이다. 그래서 "해야 할 일이 3가지 있습니다."라고 덧붙였다.

- 첫째는 회사의 핵심가치를 구성원에게 내재화시켜 실천하도록 하는 것이고,
- 둘째는 상/하/수평 간 커뮤니케이션을 활성화하는 것이며
- 셋째는 회사 내의 여러 문제를 정리하여, 현장의 이슈를 현장에서 바로 해결할 방안을 제시하는 것이라고 했다.

3분 안에 자신의 역할에 대해 언제, 어디서나, 누구에게도 자신 있게 이야기할 수 있어야 한다. 자신의 역할에 가치를 부여해야 한다.

어떤 사람이 길을 가는데 세 사람의 석공이 각기 석재를

쪼고 있었다. 그런데, 다들 똑같은 일을 하고 있는데 석공 세 사람의 표정이 각각 달랐다.

첫 번째 석공에게 다가가 "무슨 일을 하고 계십니까?" 하고 물었다. 석공은 얼굴에 불평이 가득해 투덜거리면서 "보면 모르슈! 아 지금 돌을 쪼고 있지 않소, 목구멍이 원수지!"라고 말하는 것이었다.

이번에는 담담한 표정으로 일을 하는 두 번째 석공에게 "무슨 일을 하십니까?" 하고 물었다. 그러자 석공은 "집을 짓고 있습니다. 집 짓는 게 제 일이죠."라면서 계속 돌을 쪼았다.

마지막으로 자기 일에 신바람이 나서 즐겁게 일하고 있는 세 번째 석공에게 다가가 "무슨 일을 하는데 그렇게 즐거워하십니까?" 하고 물었다. 그러자 그는 "다른 사람이 살 아름다운 집을 짓고 있습니다. 이 집에 들어와서 살게 될 사람들의 행복해할 모습을 생각하니 저절로 흥이 납니다."라고 말했다.

세 명의 석공들은 같은 장소에서 같은 일을 하고 있었지만, 본인의 일에 대해 전혀 다른 역할을 부여하고 있었던 것이다.

결단의 순간에 두려워하거나
좌절하지 않는다

리더가 가장 힘든 순간은 중요하고 곤란한 의사결정을 내리는 때이다. 사실 리더에게 직책과 그에 상응하는 보상을 주는 이유는 이러한 어려운 의사결정을 잘 내리라는 의미가 있다.

의사결정 뒤에는 행동이 뒤따른다. 긍정적일 수도 있고, 부정적인 영향을 미칠 수도 있다. 그러기에 리더는 심사숙고하여 의사결정을 해야 하며, 의사결정 후에는 과감한 실행을 주도해야 한다.

이러한 실행은 구성원들에게 항상 좋은 결과를 초래하지는 않는다. 하지만, 리더가 의사결정을 왔다갔다하면 구성원들은 리더를 떠난다. 또한, 구성원의 인기에 영합하는 의사결정은 그 후에 매우 난처한 상황을 초래할 수 있다.

한 직원이 있다. 본인의 일을 남에게 미루거나, 지시에 불복하고, 회사에 아무 연락도 하지 않고 출근을 안 하며, 전화마저 받지 않는다면 당신은 어떻게 하겠는가? 물론 한 두 번은 참아 주고, 개별 상담을 하며 이유도 듣고 조언도 해 주었을 것이다. 그러나 이러한 행동이 반복된다면, 당신은 결단해야 할 것이다. 당신의 결단이 그 직원에게는 치명적일 수 있어도, 다른 직원에게는 반면교사가 된다. 이 직원의 행동이 다른 성실하고 최선을 다하는 직원들에게 영향을 준다면, 당신은 그것을 내버려 둘 것인가? 조직 내에서 방해자를 제거하는 것도 당신이 해야 할 일이다.

리더는 고독한 황야의 한 마리 늑대이다.
무리를 떠난 늑대가 황야에 나가 갖은 고생을 하다가, 다시 무리에 들어와 리더가 되었다면 그 무리는 최고로 용맹하고 뛰어난 생명력을 갖는다. 그러나 황야에서 무리로 들어오지 못하면 그 늑대는 비참한 최후를 맞이할 수밖에 없다. 황야에서 늑대는 생존을 위한 극한 결단의 순간에 봉착했고, 그 순간마다 단호하고 빠른 의사결정을 하였기에 살아남을 수 있었다. 리더가 결단의 순간에 두려워하거나 좌절한다면 어떤 모습이 될까? 쿠바 공격을 지시하는 케네

디의 심정은 어떠했을까? M&A 의사결정을 해야 하는 순간의 CEO의 심정, 회사를 살리기 위해 직원을 대량 해고해야만 하는 결정의 순간들. 의사결정이 없다면 행동은 일어나지 않는다. 무수한 움직임이 허사가 되고, 준비한 모든 직원의 사기는 극도로 저하되며, 조직은 무사안일주의로 흐르게 된다.

당신을 최고의 리더로 돋보이게 하는 것이 결단의 순간에 결정을 내리는 능력이다. 오죽하면 "일을 잘하는 중간관리자는 결재를 잘 받아오는 사람이다."라고 하겠는가? 리더는 결정하기에 앞서 모든 상황과 정보를 분석하고, 장단점을 판단하며, 구체적 대안도 생각해야 한다. 중요한 사안일수록 많은 시간이 소요될 수 있다. 매 순간 많은 사람의 조언과 지원도 받아야 한다. 그러나 최종적으로 결정을 내려야 하는 사람이 바로 리더라는 점은 변하지 않는다.

결단의 순간에 주저하지 않고 조직과 구성원의 이익을 위해 결정을 내리는 용기 있는 리더가 있다. 구성원은 이러한 리더를 존경할 것이며, 본인 또한 결정에 자부심을 느낄 것이다.

개인과 회사의 비전을
연계한다

회사의 비전과 개인의 비전을 일치시키는 것은 어떤 의미가 있을까?

한 개인의 꿈은 부자가 되는 일이었다. 그는 모든 수단을 다해 돈을 모았고, 돈을 모으는 것 외에 다른 생각은 없었다. 그에게 회사는 돈을 버는 곳이었고, 돈을 벌기 위해 열심히 회사생활을 했다. 개인이 열심히 일해 주고 이를 통해 성과를 내면, 회사는 그에게 보상을 주는건 당연하다.

회사와 개인은 계약관계이기 때문에, 냉정하게 이렇게 본다 해도 큰 문제는 없을 것이다. 하지만 회사의 꿈이 'Global Top 10'이 되는 것이고, 현재 100위권에도 들지 못한 상태라면, 이런 직원으로 구성된 회사가 세계 10위가 될 수 있겠는가? 만약 같은 회사 구성원의 꿈이 '내 분야에서 세계 최고의 전문가가 되는 것'이라면, 이 회사는 몇 년

되지 않아 당당하게 100위 회사에 들어갈 것이다. 그리고 얼마 안 되어 세계 10위권 회사로 우뚝 서게 될 것이다. 회사의 비전과 구성원의 비전이 한 마음이 되어 한 방향으로 달리기 때문이다.

어떻게 하면 구성원의 비전을 회사의 비전과 일치하게 할 것인가?

첫째, 비전이 마음속에서 타오르도록 만들어야 한다. 그냥 숫자로만 다가오는 생명력 없는 비전이 아닌, 듣는 순간 꼭 해야겠다고 느껴지는 그런 비전을 만들어야 한다.

둘째, 비전에 대한 내재화이다. 대부분의 회사가 세계 1위가 되자고 한다. 언제, 어떻게, 된 다음에 나에게 무엇이 달라지는데? 하는 설명이 없다. 이 경우 비전은 그저 액자 속의 구호일 뿐이다. 비전이 구성원의 가슴 속에 살아 숨쉬려면 교육하고, 외치게 하고, 실천하도록 해야 한다.

셋째, 비전을 실천하기 위한 전략의 수립이다. 비전은 한 순간에 이루어지지 않는다. 반드시 실천 전략이 구체적으로 동반되어야 한다.

넷째, 임원부터 모니터링을 하여 철저하게 평가해야 한다. 1명이 바뀌면 그 아래 구성원은 반드시 바뀐다. 1명이 바뀌지 않고 아랫사람에게만 바뀌라고 한다면 과연 바뀌겠는가? 임원을 모니터링하고 냉정하게 평가하여 철저하게 적용한다면 실행된다.

A 회사는 'RESTART 2018'을 강조하며 경영목표, 핵심가치, 규정과 기본 지키기 등을 점검했다. 문제는 RESTART가 무엇을 하자는 것인지 알 수 없으며, 제시하는 목표와 비교되는 잣대도 없었다. 다시 뛰라고 하면서 무엇이 잘못되었는지, 어느 목표를 향해 뛰어야 하는지 판단 기준이 없다 보니, 구성원들은 '이 또한 지나간다.'라고 하는 시늉만 한다. 경영회의에서는 '리스타트 실적'이라고 보고한다. 보고의 내용은 공개되지 않고, 보고서를 작성하는 사람은 각 사업부서의 기획담당자뿐이다. 아무도 보지 않는 내용이기 때문에 책상에 앉아 보고서를 작성한다. 무슨 의미가 있겠는가? 비전은 만드는 것보다 실천하여 성과를 창출하게 하는 것이 더 중요하다.

직원들을
꿈꾸게 만든다

시애틀의 세계적인 파이크 플레이스 어시장에는 기쁨이 있다. 생선을 파는데 파는 분들의 표정이 너무나 밝다. 생선을 던지며, 큰소리치며 고객에게 웃음을 주기 위해 노력하는 이들은 생선을 파는 사람이면서 동시에 기업체 컨설턴트이다. 이곳에서 10년 된 한 직원은 "우리는 생선을 파는 것이 아닌 꿈을 판다."고 한다. 무엇이 이들을 팔팔 뛰도록 만들었을까?

현대의 고 정주영 회장께서는 "왜 이리 날이 밝지 않나? 할 일이 많은데….''라며 새벽에 하루를 기다렸다고 한다. 대부분 젊은이는 일요일 저녁에 "또 월요일이네, 아이 지겨워, 한 주를 어떻게 보내지." 하며 다가올 하루를 힘들어한다. 그러나 꿈이 있는 사람은 이렇게 생각하지 않는다.

"내가 가야 할 곳이 저곳에 있고, 내일은 이것을 이렇게 해야지."라고 생각한다. 이들에게는 갈 곳이 있고, 할 일이 있고, 만날 사람이 있다는 것이 행복이다.

사실 변화의 주체는 본인이다. 내가 변해야 모든 것을 변화시킬 수 있다.

영국의 한 주교는 "내가 젊고 자유분방해 상상력의 한계가 없을 때, 나는 세상을 변화시키겠다는 꿈을 가졌다. 그러나 좀 더 나이가 들고 지혜를 얻었을 때, 나는 세상이 변하지 않으리라 생각했다. 그래서 나는 시각을 좁혀 내가 사는 나라를 변화시키겠다고 결심했다. 그러나 이것 역시 불가능한 일이라는 것을 알았다. 나는 마지막 시도로 나와 가장 가까운 내 가족을 변화시키겠다고 마음먹었다. 그러나 아무도 달라지지 않았다. 이제 죽음을 맞이하기 위해 누워 나는 내가 만약 나 자신을 변화시켰다면, 그것을 보고 내 가족이 변화되고, 내 이웃, 내 나라가 더 좋은 곳으로 바뀌었을 것이라는 깨달음을 얻었다." 하며 후회했다.

결국은 나부터 변해야 한다.

회사에서 직원을 어떻게 기쁨에 뛰게 만들까? 많은 방법이 있을 것이다. 가장 먼저 회사에서 이루고 싶은 목표를 갖게 해 줘야 한다. 회사에 나오고 싶게 만들어야 한다. 출근하면서 마음이 설레고 즐거워야 한다. 내가 할 일이 있고, 그 일이 나를 키우며, 그 일이 재미있어야 한다.

내가 결혼하길 원하는 아름다운 한 여성과 데이트를 계획한다고 생각해 보자. 즐겁고 마음이 설렐 것이다. 마음속에 그녀가 있고, 그녀를 기쁘게 하려고 자신의 모든 사고를 온통 그녀에게 향한다.

직원과 데이트한다고 생각하라. 그들 한 사람 한 사람에게 관심을 보여주고, 그들의 장점을 끄집어내야 한다. 그들이 그 장점을 자신의 습관으로 만들어 가도록 해야 한다. 그리고 함께해야 한다. 아침에 출근하여 자기 자리에 앉아 온종일 한마디도 하지 않고 퇴근한다면, 과연 회사 생활이 재미있을까?

A 팀원의 퇴직 사유가 전 구성원을 반성하게 하였다.

"제가 이곳에 입사한 지도 벌써 2년이 되어 갑니다. 많은 어려움을 딛고 이 회사에 입사했을 때, 너무 좋아 미친 듯이 뛰고 또 뛰었습니다. 입사한 후, 제가 생각한 그런 회사가 아니었습니다. 뭔가 생동감이 있고 함께 일하면서도 웃고 즐기는 분위기를 생각했는데 적막만이 흐릅니다. 아침에 큰 소리로 인사하고 싶지만, 너무나 조용함 속에 인사하려는 마음이 사라집니다. 온종일 PC만 바라보고 일을 하다가 시간이 되면 한 명씩 인사도 없이 퇴근합니다. 어제가 제 생일이었는데, 그 누구도 축하한다는 말이 없고, 점심 먹자는 사람이 없어 혼자 사무실에 앉아 있었습니다. 이곳에서 더 오래 근무하다가는 나의 성격도 변화될 거라고 느꼈습니다. 이런 회사에서는 도전도 성장도 없습니다."

적극적으로
경쟁하게 만든다

한 회사가 있었다. 사업구조가 튼튼하여 30년 넘는 역사 속에서 한 번도 적자를 내지 않은 탄탄한 기업이었다. 이 회사에 입사하려는 수많은 지원자는 명문대학 출신의 매우 뛰어난 인재였다. 회사의 경영자는 우리 회사에 입사한 사람들은 모두 다 뛰어난 인재들이라고 생각했다. 그래서 이들을 평가하고 보상의 차등을 주는 것 자체가 문제라고 생각했다. 어느 직무에 근무하더라도 동등한 급여체제이며 일정 시점이 되면 승진을 한다. 평가 자체를 하지 않는다.

또 하나의 회사가 있다. 이 회사는 신입사원 교육부터 철저하게 경쟁을 시킨다. 직무를 하면서도 세계 초일류와 자신의 수준을 냉철하게 파악하여 따라잡기 위해 노력한다. 평가도 철저하게 상대 평가하여 그 차이를 두고, 보상도 평가와 연계되어 그 차등의 폭이 크다. 성과를 내지 못해 평가가 낮으면, 보상도 승진도 기대할 수 없다. 두 회사의 5년 후, 10년 후의 모습은 어떻게 달라질 것인가?

당신이 산을 오르거나 극한 지점을 가게 되었다. 당신은 앞에서 가장 뛰어난 사람들을 이끌 것인가? 아니면 뒤에서 가장 쳐진 사람들을 이끌 것인가? 경쟁이 없다면 당신은 차등을 둘 필요가 없다. 경쟁이 없다면 당신은 뒤에서 모든 사람을 이끌고 쉬엄쉬엄 가면 된다. 아니 가다가 내려와도 된다. 그러나 지금 환경은 내부, 아니 국내 경쟁이 아니다. 글로벌 경쟁에서 지면, 당신 회사는 이 세상에 존재하지 않는다. 이런 상황 속에서 살아남기 위해서는 직원들도 경쟁해야 한다.

30년 전에 100대 기업 안에 있었던 우리나라 회사 중 현재까지 100대 기업으로 유지되는 회사는 10개밖에 안 되고, 중소기업의 75%가 10년 안에 도산하여 사라진다.

그러면 어떻게 직원들을 경쟁하도록 만들 것인가?

'뒷다리 잡는 식'의 앞으로 나아가지 못하게 하는 경쟁이 아니다. 성과가 없는 불필요한 경쟁은 조직을 와해시키고, 구성원에게 불만과 갈등만 조장할 뿐이다. 목적 지향의 성과 있는 경쟁이 되어야 한다. 올바른 경쟁의식을 심어 줘야 한다. 경쟁에 대해 부정적 시각이 아닌 긍정적 시각을 갖도록 부단히 교육하고, 성공사례를 꾸준히 제공해야 한다. 궁극적으로 경쟁이 생각을 넘어 습관이 되어 행동할 수 있도록 만들어야 한다.

나아가 높은 목표를 부여해야 한다. 높은 목표를 부여하여 이를 달성하게 하는 것이 경쟁하게 하는 지름길이다. 스스로 성취감을 느낄 때, "내가 이 회사에서 근무하는 것이 의미 있다."라고 이야기한다. 소극적인 목표를 가지고는 경쟁에서 이길 수 없다. 끊임없는 자기계발과 투철한 승부의식을 바탕으로 도전적인 목표를 세우고, 이를 치밀하게 실행해 나가도록 직원을 이끌어야 한다.

2등에 안주하게 해서는 위대한 기업으로 갈 수 없다. 1등을 하게 해야 한다. 직원의 역량을 꾸준히 강화하여, 세계 수준의 전문성을 갖추도록 해야 한다. 더 빨리 성장하고 더 경쟁력을 높여 가도록 조직과 구성원을 독려해야 한다.

part 3

전략적
사고

1등이 되게 한다

아무도 2등을 기억하지 않는다. 1등만 기억할 뿐이다.

1969년 7월 20일, 닐 암스트롱은 인류 최초로 달에 인간의 발자국을 남겼다. 그리고 잠시 후 에드윈 볼드린 2세가 달에 두 번째로 인간의 발자국을 남겼다. 그러나 에드윈 볼드린 2세의 이름을 기억하는 사람은 거의 없다. 단지 인류 최초로 달에 발을 내디딘 암스트롱만이 기억되고 있을 뿐이다. 1등이 주는 혜택은 그만큼 사람들의 뇌리에 오래 간직되며, 기록된다. 1등이라는 점 그 자체가 기업 브랜드의 가치를 더욱 높여 준다.

1등 기업을 유지하는 것은 쉬운 일이 아니다. 우리나라의 경우, 30년 전 100대 기업이 현재 몇 개나 100대 기업에 남아 있는가? 한 번 1등이 영원한 1등이 아니다. 중요한 것은 1등을 어떻게 유지해 가느냐에 있다. 과거 초우량 기업이었지만 현재 이름도 없이 사라진 회사가 수없이 많다. 과거 해가 지지 않는 기업이었던 GM도 그 명성이 크게 실추되었다. 우수 인재의 부족, 신사업 개발의 실패, 잘못된 의사결정, 정부 정책의 변경, 경쟁제품의 출현 등 사라지게 되는 여러 이유가 있을 것이다.

어떻게 하면 1등이 주는 혜택을 꾸준히 이어갈 것인가?

첫째, 기업이 지닌 핵심역량을 강화해 나가야 한다. 관리력이 세계 최고 수준이면 그 관리력을 강화하는 데 역량을 집중해야 한다. 삼성전자 반도체 산업의 성공 요인은 비메모리 반도체를 포기하고, 메모리 분야에 집중했다는 데 있다.

둘째, 전문 인력이다. 제철소 없이도 세계 1위의 철강 경쟁력을 보유한 미탈스틸은 30년 노하우를 가진 전문 인력을 통해 새로운 성장 동력을 찾아내고 투자한다.

셋째, 지속적 혁신제품을 개발하여 출시하는 능력이다.

경쟁사의 제품이 나오기 전에 곧바로 신제품을 출시하여, 자신이 만든 1등 제품을 뛰어넘고 새로운 제품으로 1등을 이끌어 가는 기업이 초우량기업이다.

넷째, 혁신하는 기업이다. 제품이나 전략의 모방을 넘어서 모방할 수 없는 무형의 경쟁력인 사람, 문화, 혁신 활동을 통해 새로운 사업영역을 확장해 가는 기업이 진정한 1등 기업이다. 이러한 기업만이 1등이 주는 혜택을 꾸준히 이끌어 간다.

HR을 담당하는 임원에게 어느 CEO가 물었다.
"내가 기대하는 HR이 해야 할 일이 무엇인가?"
HR 임원이 대답했다.
"조직과 구성원을 경쟁력 있게 만드는 것입니다."
그러자 CEO는 그 경쟁력의 수준이 무엇이냐고 물었다. 담당 임원이 우물쭈물하자, CEO는 말했다.
"변혁을 통해 한발 앞서가는 세계 1위의 조직과 인재를 만드는 것이며, 인사부서가 이를 해 줄 것이라고 믿는다."

생존을 위한
전략을 갖고 있다

멕시코 중서부 시에라 협곡에 사는 타라후마라 부족의 사냥법은 특이하다. 그들은 원래 점찍어 놓은 사냥감을 끝까지 쫓아가 결국 지쳐 쓰러진 사냥감을 사냥한다. 그들의 생존을 위한 전략은 집념이다.

생존을 위한 전략이 없느냐 있느냐의 차이는 무엇일까? 연간 생산 물량이 100만 대 이하인 포르쉐는 600만 대 이상을 생산하는 폭스바겐의 지분을 31% 소유하며 대주주가 되었다. 처음부터 포르쉐가 강한 기업은 아니었다. 1993년 판매 부진, 환율 문제, 신제품 지연으로 부도 위기가 있었다. 포르쉐는 먼저 효율성을 추구했다. 900개의 부품회사를 300개로 정리하고, 직급체계를 6개에서 4개로 줄임으로써 의사결정을 신속히 하였다. 이어, 작업공정의 아웃소싱과 내구성

및 품질 강화를 통해 생존전략을 수립할 수 있게 되었다. CEO인 벤델링 비데킹 회장은 긍정적인 모습으로 지향하는 모습을 그리라고 강조한다. 생존전략을 지닌 기업은 더 높은 경쟁력을 갖고 있다.

생존전략의 원천은 무엇인가?

생존전략은 기업이 영원하도록 노력하는 모습이며, 이의 기초는 리더이다. 리더의 생각이 기업 생사의 근원이다. 우리 회사는 영원히 갈 것이라고 믿는 리더와 우리 회사는 죽을 수 있다고 믿는 리더가 있다면, 어느 회사가 더 영원히 가겠는가?

2001년 짐 콜린스의 『Good to Great』에서는 위대한 기업은 영속적으로 존재한다고 보며 다음과 같은 6가지 위대한 기업의 조건을 제시했다.

① 겸양과 의지를 지닌 리더
② 동기와 역량이 있는 우수 인재 확보
③ 어려움을 극복할 수 있는 능력
④ 가장 잘하는 일에 몰입
⑤ 원칙이 있는 조직문화

⑥ 기술 가속화

1982년 톰 피터스와 로버트 워터만은 『초우량 기업의 조건』이란 저서에서 영속하는 기업의 7가지 특성을 Strategy 전략, Structure구조, Style방식, Systems체제, Staff사람, Skills 기술, Shared Values공유가치로 보고 이의 절묘한 조화를 강조했다. 또 제품개발력, 생산력, 마케팅능력, 관리력이 생존전략의 원천이 될 수도 있다.

그렇다면 생존전략의 실행에 있어 재고할 점은 무엇인가?

수도 사업, 폐기물 처리 사업 분야에서 세계적 기업인 CGE는 90년 중반 인터넷과 미디어 산업 붐에 편승하여 무차별 인수합병을 통해 기존사업을 분사화하고 미디어 통신사업회사로 탈바꿈한다. 그러나 2002년 IT 붕괴로 주가가 90% 폭락하며, 회사의 생존이 위기에 처하게 된다. 신규분야에 대한 역량 부족, 기존사업과 신사업과의 시너지 부족, 환경을 읽지 못한 리더의 의사결정 미숙으로 마련한 생존전략이 죽음으로 이르는 전략이 되고 말았다.

생존전략의 실행에 있어 가장 중요한 것은 당연히 리더

의 선견지명, 의사결정력, 악착같은 추진력이다. 회사가 보유하고 있는 자원의 강점을 최대한 활용하는 전략만이 1 등을 이끌어 갈 수 있다. 한국 기업의 무서운 점은 창업주들의 철학과 실천이다. 이들은 전부 사업보국을 생각했으며, 무에서 유를 창출했다. 생존이 절실한 상황에서 그들은 최선 그 이상의 고민과 실천을 했다.

사업의 본질을 꿰뚫고 있다

회사가 제대로 안 되는 이유는 무엇일까? 회사가 왜 존재하며, 사업의 특성이 무엇인가 제대로 알고 일을 하지 못하는 데 있다.

사업의 본질을 꿰뚫어 본다는 것은 '시대에 따라 달라지는 사업의 개념'을 정확히 파악하여 기회를 선점하는 것이다. 사업의 본질과 핵심 성공 요인을 찾아 핵심역량을 최대한 집중하며, 차별화된 전략과 차별화된 방안을 모색하여 이끌어 가야 한다. 사업의 개념이 다르면 경영전략, 경영관리, 구매, 인사, 마케팅 등 모든 분야의 전략과 방안들이 달라져야 한다.

사업의 본질을 보려면 사업의 기본적 속성을 꿰뚫어 보

아야 한다.

첫째, 사업事業을 하는 기본적 철학, 존재의의가 무엇인가를 밝혀야 한다. 마쓰시타 전기의 창업주 마쓰시타 고노스케는 사원들에게 "인사부서는 무엇을 하는 곳이냐?"라고 질문한 적이 있었다. 대부분은 "사람을 선발하여 평가하고 보상하며 육성시키는 곳"이라고 대답했다. 하지만 그는 고개를 저으며 "인사부서는 인재를 생산하는 곳"이라고 설명했다.

모터사이클은 과거 운송수단이었지만, 자동차의 등장으로 운송수단으로써의 가치는 급속하게 쇠퇴했다. 그러나 혼다는 미국시장의 변화를 읽었다. 운송수단이 아닌 레저수단으로 모터사이클을 바라보았다. 이러한 사업의 본질을 꿰뚫는 순간 혼다는 세계 시장을 석권하게 되었다. 사업을 올바르게 이해하는 것 자체가 시장의 경쟁력과 성패를 좌우한다. 삼성 에스원을 '경비업으로 보느냐? 사회 안전업으로 보느냐? 사회 시스템업으로 보느냐?'에 따라 비전과 전략의 차이가 보인다.

둘째, 사업事業의 본질과 특성을 정립해야 한다.

사업의 '본질'은 변하지 않는 사업의 기본이다. 신용카드 업業은 술장사와 같은 외상 장사 업으로 채권관리가 중요하다. 사업의 '특성'은 환경에 따라 달라지는 사업의 속성으로 정밀기계업에서 양산 조립업으로, 패션업에서 장식업으로 시대의 변천에 따라 변화된다. 시계는 처음에는 정확한 시간을 알려주는 정확성이 본질이었다. 그러나 구찌는 매일 같은 시계의 색을 달리하는 패션으로 업을 재정의했다. 지금 시계의 본질은 품격이다. 세계적인 청소기 회사인 다이슨DYSON의 업은 청소기 만드는 회사가 아닌 '깨끗한 실내 만들기'이다.

사업의 본질은 어떻게 규명해야 하는가?

사업의 본질을 꿰뚫기 위해서는 비전-사업의 본질-중장기 전략을 연계하여 다방면에 걸쳐 살펴보아야 한다. 사업의 기원은 무엇인가? 사업을 영위하는 기본 철학은 무엇인가? 사업의 영역은 어떠한가? 우리의 기술 수준과 핵심기술, 우리의 고객과 시장은 누구며 어느 수준에 있는가? 정부의 규제와 법규 및 경쟁사는 어떤 전략으로 어느 수준에 있는가? 사업을 유지하는 핵심자원은 무엇이며, 경쟁사보다 경쟁력의 수준은? 어느 과정을 거쳐 부가가치가 나오며, 핵심프로세스는 무엇인가? 어떤 제품과 서비스를 팔고 경쟁력은 무엇이냐? 등을 파악하여 사업의 본질을 규명하고 중점 관리 포인트를 결정하여 전략을 수립한다.

삼성의 이건희 회장은 자동차산업의 본질을 인간의 생명과 관련된 안전산업, 대규모 투자가 요구되는 장치산업, 2만여 개 부품의 양산 조립업이라고 하였다. 또 내구성 소비재로 품질과 A/S가 중요하며, 기술집약적 전자 산업임과 함께 막대한 개발비와 장기간의 개발 기간이 필요한 사업으로 보았다. 대단한 통찰력이다.

선택과 집중을 통한
차별화된 경쟁력이 있다

리더에게는 온정과 냉정이 있어야 한다.

리더는 모든 사람에게 평등하게 온정을 다해야 한다. 그러나 기업의 환경이 항상 순탄하지만은 않다. 어느 순간 기업이 휘청거릴 정도로 위기가 찾아올 때가 있다. 기업의 여건이 좋았을 때 구성원에게 제시한 제도가 기업의 여건이 어려워졌을 때에는 도리어 발목을 잡는 일이 있다. 가령 GM은 퇴직한 직원에게까지 영향을 주는 복리후생제도가 지금의 기업을 어렵게 하는 하나의 요인이었다. 회사가 망하는 그 순간까지 모든 직원에게 공평하게 제도를 적용해야 하는가? 집이 불에 타 무너지는 순간에도 방에 앉아 있을 수는 없다.

냉정해야 한다. 냉정은 선택의 문제이다. 다 함께 죽을 것인가? 일부를 희생하여 전체를 살릴 것인가? 리더에겐 순간순간이 선택의 문제이며 회사의 안정적 성장과 최고경영자의 의사결정에 전략적 파트너로서 역할을 다해야 한다.

선택과 집중의 원칙을 우리는 지키고 있는가?

1980년대 은행에 가면 짧은 줄 뒤에 서는 것이 문화였다. 업무를 빨리 끝내기 위해서는 한 명이라도 적은 줄에 서는 것이 유리하기 때문이다. 서 있는 동안, 긴 줄이 더 빨리 일이 진행되고, 내 앞사람의 업무가 더디게 처리되면 은근히 화가 난다. 이는 고객 불만의 원인이 되었다. 이에 은행은 순번을 정해 주는 번호표 제도를 도입했다. 오자마자 번호표를 뽑고 번호가 될 때까지 기다리면 된다. 문제는 돈이 많은 사람이다. 이들을 기다리게 하여 불만 요인을 만들 수는 없는 일이다.

이에 은행은 선택했다. VIP 창구를 만들어 일정 수준 이상의 고객에게는 번호를 뽑지 않고도 바로 업무를 처리해 주었다. 더 나아가 만약 한 지점 수신고 중 30%를 한 사람이 보유하고 있다면 이 고객을 직접 은행에 오게 하겠는가? 나의 이익에 큰 영향을 미칠 수 있는 고객은 더 사랑해야 한다. 이것이 선택과 집중이다.

우리는 선택과 집중의 원칙을 업무 중에 적용하고 있는가? 주어진 시간 속에 중요하고 긴급한 업무를 선 처리하고, 그렇지 않은 업무를 나중에 처리하고 있는가? 구성원에 대해서는 어떠한가? 모든 아래 직원은 다 평등하니까 모두 똑같은 평가, 똑같은 보상을 주며 이끌어 가고 있지는 않을 것이다. 핵심인재에 대해서는 그 역량에 맞는 도전과제를 주며 성취감을 더해 주어야 한다. 역량이 부족한 직원에게는 그 직원에게 맞는 적당한 업무를 주어야 한다. 다만, 평가와 보상은 차별을 주어야 한다. 역량이 부족한 직원에게 더 많은 시간을 투자하는 것이 옳은가? 핵심인재에게 더 많은 시간을 투자하여 성과를 올리는 것이 기업이다.

전략적으로 큰 그림을 그리는 사람으로서 선택과 집중을 통해 경쟁력을 확보해야 한다. 애플의 아이팟, IBM의 서비스 회사로의 전환, 도브의 화장품 광고는 기존의 방식에서 벗어난 선택과 집중의 결정체이다. 이러한 선택과 집중을 위해서는 당신에게 영감을 불어넣어 주는 사람들이 필요하다. 다양한 전문가와 다양한 모임을 통해 직장 내 직원이 아닌 외부의 다양한 전문가들과 자주 만나야 한다. 예

술가, 산악인, 투자가 등 다양한 사람들의 생각과 그들을 성
장시키는 비결을 찾아내어 자신의 것으로 만들어야 한다.

핵심성공요소를
파악한다

  보고 시, 가장 답답한 상황은 무엇일까? 상사가 도무지 당신의 이야기를 이해하지 못하는 경우이다. 당신은 분명 결론을 먼저 이야기했을 것이다. 과정도 차분하게 순서를 갖고 설명했을 것이다. 중요한 것은 상사가 이해하지 못했다는 점이다. 무엇이 문제일까?

  핵심이슈가 무엇인가에 대해 얼마나 강조하고 부각했는지가 아닐까? 아랫사람이 보고할 때, 답답함을 느꼈다면 마찬가지 상황일 것이다. "핵심이 뭐냐? 얻고자 하는 바는 무엇이며 그것이 어떤 성과를 창출하는데?" 하고 다그치고 싶을 것이다.

  핵심성공요인은 무엇인가?

  누군가가 당신에게 조직장의 조직관리능력이 떨어진다고

이를 강화하라는 지시를 받았다면 어떻게 처리하겠는가? 먼저 당신은 조직관리 능력이 무엇인가에 대해 정의를 명확히 할 것이다. 그리고 정의에 따라 이 능력을 실천할 수 있는 행동특성을 구체화하고, 이를 중심으로 어떻게 강화할 것인가 수단을 찾게 될 것이다. 수단으로는 교육, 코칭, 멘토링, 참고 서적 지급, 직무를 통한 습득 등 다양한 방법이 있다.

이 중에 어느 것이 핵심성공요인인가? 바로 행동특성이다. 조직관리능력의 정의는 "목표달성을 위해 조직관리, 업무추진, 부하 통솔 및 육성하는 능력"으로 볼 수 있다. 중요한 것은 행동특성이다. 조직관리능력의 행동특성은 이렇게 규정할 수 있다.

① 구성원의 장, 단점을 파악하여 업무를 조정하고, 조직을 결속시켜 계획된 시기에 목표달성을 한다.

② 상사의 지시나 구성원에게 하달한 업무 등을 효율적으로 점검, 조정, 평가한다.

③ 구성원들의 의견을 충분히 수렴하여 의사소통을 활성화시키고, 화합을 이끌어낸다.

④ 구성원에 대한 인사, 팀 운영, 능력개발을 공정하게 처리한다.

왜 핵심성공요인이 중요한가?

우리가 핵심역량이라 하면, 일을 매우 잘하는 사람들이 하는 행동의 공통된 특성을 정리한 것이다. 핵심역량은 곧 미래 경쟁력과 직결된다. 미래 경쟁력의 핵심요인은 무엇인가?

삼성경제연구소는 미래 경쟁력의 핵심요인을 기업실적의 질적 측면과 사업구조를 통한 기업의 역동성, 기술적 역량, 변화혁신역량, 글로벌 역량, 기업 이미지로 보고 있다. 이 중 특히 기업 이미지의 핵심성공요인을 재무 건전성, 자산 운영, 혁신성, 글로벌 역량, 사회적 책임, 제품/서비스 수준, 직원의 역량, 경영의 질, 장기적 투자가치로 살피고 있다. 핵심성공요인을 잘 설정하면, 자연스럽게 방향이 결정되는 것이다. 이에 집중하면 당연히 성과는 높아진다고 본다. 리더가 핵심성공요인을 정확하게 파악하여 이끌어 간다면, 기업은 혼란에 빠지는 경우가 적을 것이다.

어떻게 핵심성공요인을 파악하여 실행해 갈 것인가?
부단히 핵심이 무엇인가를 파악하는 통찰력이 필요하다. 통찰력은 선천적이기보다는 후천적 훈련의 결과가 되어야 한다. 업무를 추진하면서 핵심성공요인을 의도적으로 선정하여 공유하는 노력이 필요하다. 마지막으로 관리하고 개선해 나가야 한다. 요인을 선정하여 관리하고, 더 중요한 요인이 있다면 조정하여 실천해 나가야 한다.

자원을 최적화한다

기업이 살아남는 길은 크게 두 가지가 있다.

하나는 비전을 전략으로 연계하여 실천하는 것이다. 다른 하나는 구성원들의 인식 속에 자원의 최적화 의식을 심어 업무 하나하나마다 효율을 추구해 가는 것이다.

세계 자동차 MS 1위, 이익 1위를 차지하고 있는 도요타 자동차의 가치는 지속적 개선이다. "마른 수건도 다시 짠다."는 그들의 개선 활동은 자원을 최적화하는 일이 생활화되었다고 봐도 무방하다. 자원의 최적화가 되지 않으면 관리 손실이 발생한다. 관리 손실은 해야 할 일이 무엇인지 모르거나, 할 일을 하지 않음으로 조직에 유무형의 손실을 주는 것이다. 깨진 항아리의 물의 높이는 깨진 항아리의 최저 지점이다. 물의 양을 높이기 위해서는 깨진 부분을 메워 올려야 한다. 자원도 마찬가지이다. 사람, 자금, 시설, 자재 등 어느 하나가 부족하면 일이 추진되지 않는다.

어떻게 하면 자원을 최적화할 것인가?

자원의 최적화는 전략을 통해서 이루어진다. 전략은 환경분석과 전략목표의 설정에서부터 시작된다. 환경분석은 외부환경의 분석환경의 변화 방향, 시장/고객의 니즈, 기술과 자원의 니즈, 경쟁 환경의 분석선진/경쟁사 강약점, 내부 분석최고경영자의 철학, 구성원 니즈, 조직가치을 통해 현재와 바람직한 모습과의 Gap분석을 통해 전략과제를 도출한다. 전략과제는 사업, 제품, 시장, 전략상의 효과성과 인사, 조직, 업무 프로세스에서의 효율성을 원칙으로 도출한다. 이러한 전략과제와 최고의 성과를 창출하는 기업/ 프로세스를 중심으로 최적의 실행안을 검토한다. 자원의 최적화는 이러한 과정을 통해 달성된다.

과거 국내 오피니언 리더를 초청하여 각 산업의 공장방문을 주관한 적이 있다. 공문에 어떻게 공장 소개를 하라는 요청이 없었음에도, 모든 공장장은 동일한 방식으로 공장을 설명한다.

"우리 공장의 경쟁사는 어디이며, 이런 지표로 봤을 때 이만큼 우리와의 차이가 있습니다. 우리가 몇 년 후에 이 공장을 따라잡기 위해 이러한 전략과 과제를 가지고 있고, 우리는 이렇게 집중할 것입니다."

최근 글로벌 기업은 본사 최적화를 추구하는 경향이 있다. 과거의 본사는 전략, 재무, 인사를 통합하여 총체적 시너지를 높이는 형태를 취해 왔다. 그러나 최근에는 본사 기능을 환경과 시장 변화에 유연하게 대응하도록 변경해 가고 있다. 시스코 시스템즈는 2007년 10월 인도에 대규모 거점을 마련했다. 기업의 글로벌화와 인재 조달 및 신제품 개발이 본사 이전의 원인이 되고 있다.

자원의 최적화는 유연성의 확보이다. 조직 전체를 단순히 쥐어짜는 것이 아닌 다양성을 키워 가며 의사결정 하는 유연성이 기반이 되어야 한다.

잠재된 문제를
파악하고 있다

설악산 조난 사례가 있다.

20cm 이상 눈이 내린 1월. 어느 날 5명의 친구와 설악산 등반에 올랐다. 오후 4시경, 정상에서 내려오던 중 폭설에 파묻혔다. 눈에서 빠져나와 시계를 보니 4시 40분이었고, 다리에 상처가 있었으나 걷는 데 지장은 없었다. 주위를 보니 친구들은 안 보이고, 가져온 배낭 4개가 흩어져 있었다. 10개의 물품식량, 성냥, 랜턴, 아이젠, 지도, 나침판, 텐트, 약품, 선글라스, 침낭 중 당신에게 5개의 물품을 정하라면 무엇을 선택하겠는가?

리더는 어떤 선택을 해야 하는가? 죽음에 대한 두려움과 추위 속에서 살기 위해서는 냉철해져야 한다. 사례가 주는 잠재된 문제가 무엇일까? 여러 주변 상황 속에서 선택해야 한다는 것이다. 살기 위해 위험을 최대한 줄이는 판단을 해야 한다.

평상시에 위기를 생각해야 한다. 회사가 일정 기간 성장해 왔다면, 구성원들은 무의식중에 "우리 회사는 계속 성장할 것이다."라고 믿는다. 현재의 수준에 만족하고 조그만 개선에 만족한다. 이러한 현상이 계속되면 어떤 상황이 예상될 것인가? 당연히 이 회사는 점차 쇠퇴해 가게 된다. 리더는 상황이 좋을 때 위기를 생각해야 한다. 이러한 자세가 다가올 미래의 새로운 기회를 창출한다. 리더는 잠재된 문제를 고민하며, 차선, 삼선의 대책을 준비한다.

한 중소기업 사장이 있었다. 자수성가해 공장의 벽돌 하나하나에도 그의 손길이 안 닿은 것이 없다. 모든 것을 너무나 잘 알기 때문에 직원들이 결재를 올릴 때마다 사사건건 수정을 하였다. 직원들도 힘들었고, 사장도 힘들었다. 갈수록 직원들은 "사장님이 다 고치는데…." 하며 대충 올리게 되었고, 사장의 일과는 더욱 힘들어져만 갔다. 사장은 고민 끝에 모든 결재에 반드시 3가지 안을 만들고, 담당자는 어떤 안을 채택할 것인가 적으라고 했다. 직원들은 3개의 안을 만들기 위해 고민을 하게 되었다. 차선, 삼선의 대책이 있고, 보다 상황변화에 신속하게 대응할 수 있게 되었다. 다가올 위기를 파악하고 이용할 수 있는 지혜가 생겼다. 리더는 구성원들이 고민하게 만들어야 한다.

리더는 최선을 위해 부단히 자문해야 한다. 가장 많이 생각하고 가장 고심한 사람이 최선의 행동을 한다. 진실로 최선을 다해 보려는 노력만이 일을 성공시킬 수 있다.

물론 순간적으로 아하~ 하며 뛰어난 아이디어로 일을 처리할 수 있다. 그러나 한 가지 일을 성취하기 위해서는 깊게 생각해야 한다. 리더라면 일의 성패를 판단하기 전에 여러 상황을 고려하여 최선을 다했는가를 생각해야 한다.

적절히 위험을 분산한다

보고를 받다 보면, 하나의 안만 가져와서 의사결정을 해 달라는 직원이 있다. 장단점을 이야기하고 다른 안을 물으면, 그때부터 대답이 없다. 답답해진다.

한 가지의 대책만을 갖고 회사를 이끄는 것만큼 위험한 일은 없다. 상황이 바뀌거나, 원래 계획에 차질이 생기면 회사가 위험에 빠질 수 있기 때문이다. 만약 어떤 계획을 세우면서 2안 또는 3안까지를 고려하고, 위험요인에 대한 분석을 통해 시나리오를 설계해 놓았다면 어떨까?

주어진 상황에 대해 좀 더 유연하게 대처할 수도 있고, 잘못될 수 있는 상황에서도 일을 성과 있게 처리할 수 있을 것이다.

리더는 반드시 최악의 상황을 염두에 두어야 한다. 리더가 경영하는 데 있어서 최악을 고민하지 않으면, 회사는 위태해질 수 있다. 요즘과 같이 불확실성이 높고 경제가 매우 어려운 시점에서는 최악의 시나리오를 준비하고 있어야 한다. 위기를 고민하여 분석하고 분류하여 유형별 대안을 갖고 있지 않으면 리더로서의 전문성에 큰 상처를 입게 된다. 리더는 최악을 준비함으로써, 많은 구성원을 최대의 위기에서 구해내는 역할을 하는 사람이다.

올인 전략과 분산전략 중 리더는 무엇을 택할 것인가?

리더가 가장 유혹을 받는 것은 바로 눈앞에 큰 이익이 있는데, 투자할 그 무엇이 부족할 때이다. 아무리 경제가 어렵다 하더라도 이익이 보일 때가 있다. 당장 투자하면 몇 배가 넘는 사업을 알고 있는데, 투자할 돈이나 사람이 없다면 답답할 것이다. 이때 무리하게 차입하여 망한 사람이 한둘이 아니다.

리더는 신중해야 한다. 매사에 철저한 준비와 검토를 해야만 한다. '내가 올인할 것이냐? 분산할 것이냐?'의 의사결정은 철저한 준비를 바탕으로 해야 한다.

다음은 재원에 대한 의사결정이다. 만약 올인한다면 실

패했을 때를 가상해야만 한다. 올인 실패 후 자신에게 주어지는 것이 하나도 없다면 재생의 가능성마저도 저버리는 게 된다.

마지막으로 구성원들이 더 잘하는 것을 택해야 한다. 사업의 본질을 벗어나지 않고 다각화를 추진하는 것은 매우 바람직하다. 그러나 전혀 가능성이 없는 사업을 이끌어야 하는 경우로 내몰릴 수도 있다. 이 경우 좀 더 강력한 커뮤니케이션을 통해 구성원을 설득해 가며, 다방면에 걸친 전략을 이끌어 가야만 한다. 여러 사항을 검토해 결정이 되었다면 따라야 한다. 구성원들이 더 잘하는 분야를 선정하고, 아닌 경우 리스크를 여러 사람에게 분산하여 실행력을 높이는 것이 더욱 바람직하다.

일을 가장 잘하는 리더는 본인의 업무를 여러 사람에게 분산하고, 종합하는 능력을 지닌 사람이다.

불확실성하에서
의사결정 한다

리더가 가장 힘든 일은 아는 것 없는 상태에서 의사결정 하는 것이다. 기업의 성패는 최고경영자가 불확실성의 시대에 얼마나 최선의 의사결정을 하여 위험을 관리하고, 성과를 창출하느냐에 달려 있다고 해도 과언이 아니다.

최근의 경영환경은 미래를 예측할 수 없는 상황이다. 리더는 업무 자체가 의사결정이다. 의사결정을 하지 않을 수 없는데, 문제는 미래가 어떻게 전개될지 알지 못한다는 점이다.

당신은 어떻게 의사결정을 해 왔는가? 누구나 의사결정을 하는 모델을 갖고 있다. 과거의 데이터나 성공 경험을 중심으로 의사결정을 하는 사람이 있다. 환경을 분석하고 여러 대안을 찾아 그 가운데 위험은 적고 성과는 높은 안을 택하는 사람도 있다. 자문 집단 또는 전문가를 곁에 두고 조언을 하도록 하고, 본인이 판단하는 리더도 있다. 그러나 대부분 경영자는 과거의 경험이 기반이 된 긍정적 확신 속에서 의사결정을 하게 된다. "지금까지 이렇게 잘해왔으니 이번도 잘될 거야." 하는 심정으로 의사결정을 하게 된다. 그 결과, 심각한 피해를 준 사례는 매우 많다.

불확실성 속에서 올바른 의사결정은 어떻게 할 것인가?

첫째, 회사 사업의 본질과 환경의 변화를 알고 의사결정해야 한다. 불확실성은 사업과 환경의 불확실성에서 기인한다. 사업의 본질을 명확하게 꿰뚫고 있다면, 의사결정의 오류는 크게 줄어들 것이다.

둘째, 사실 중심의 객관성에 담보한 의사결정을 해야만 한다. 경영환경을 분석하고 자신의 회사 특성에 맞는 아이디어를 제안하고 여러 다양한 의견 속에서 장단점을 분석해 가며 의사결정을 해야 한다. 한 사람의 의견을 따라가지 말고 의사결정 회의에 반대만을 위한 반대자를 포함하여 다각적으로 분석하여 결론을 도출해야 한다.

셋째, 해결안 위주로 의사결정을 해야 한다. 회사는 자선단체가 아니며 공공성이 강조되어서는 안 된다. 의사결정의 결과가 법을 위배하지 않는다면 최대의 이익을 내도록 가져가는 것이 기본이다. 이를 위해서는 보다 현실적으로 문제가 해결되도록 결정을 이끌어야 한다. 대안이 없는 의견 제시는 갈등만 초래하고 더욱 과제를 미궁 속에 빠뜨리게 한다.

넷째, 의사결정을 하는 리더는 개방적 마인드를 가져야 한다. 1989년 리복의 'The Pump' 신발은 혁신제품이다. 당시 CEO인 폴 파이어맨은 "확실해질 때까지 기다린다면 혁신제품을 출시할 수 없다."라며 개방적 의사결정을 했다. 닫힌 마음으로 움츠려 있다면, 성공은 결코 누릴 수 없다. 예선에서 엄청난 스코어로 패배한 팀이 다음 해 예선을 통과하기는 매우 어렵다. 선수들이나 감독의 마음에 이미 패배의식이 너무 짙게 자리 잡고 있기 때문이다.

리더는 의사결정을 함에 있어서 과거에서 배우되 얽매이지 않아야 한다. 현재 상황을 정확히 인식하고 "해 보자." 하는 마음으로 밀고 나가야 한다.

강점을 강화한다

어린 시절 선생님에 대한 추억이 다 있을 것이다. 어느 유명한 화가가 된 친구는 초등학교 시절을 회고하며 눈물을 감춘다. 그는 매우 장난꾸러기였고, 어린 시절 집이 가난해 공부를 더 할 수가 없었다. 쉬는 시간에는 그것이 한이 되어 친구들을 더 괴롭혔다.

어느 날 다른 친구의 노트에 그림을 가득 그려 놨는데, 선생님이 그것을 보고 혼내기보다는 "길동이는 나중에 커서 유명한 화가가 되겠다."라고 말씀하셨다. 이 한마디가 그 친구의 인생을 바꾸는 계기가 되었다. 그는 그 당시만 해도 뭔가 그리는 것이 좋아 운동장에 돌로 그림을 그리곤 했는데, 선생님의 한마디에 꿈을 가지게 되었다고 회고한다.

"선생님은 학생 한 사람 한 사람에게 관심을 보이며, 그들의 강점만을 강조해 주셨다."라고 울먹이면서….

두 부부가 있었다.

A 부인은 99가지 장점이 있고, 단 한 가지 단점을 지닌 매우 뛰어난 분이었다. A 부인의 남편은 아내의 한 가지 단점을 고치기 위해 계속 이 단점을 지적하고, 심지어 화를 내기도 했다.

B 부인은 1가지 장점과 99가지 단점을 가진, 함께 생활하기 어려운 분이었다. B 부인의 남편은 아내의 한 가지 장점을 부단히 칭찬하고, 자랑하고 다녔다. 몇 년이 지난 후두 부부는 어떻게 되었겠는가? A 부부는 그 많은 장점에도 불구하고 헤어졌고, B 부부는 너무나 금실 좋은 사이가 되었다.

삼성의 강점은 무엇인가?

인간경영이 큰 강점이라고 한다. 사업장 방문 시, 대표이사도 사원과 함께 줄을 서서 배식을 받아 식사한다. 청결한 조직으로 철저한 예방교육과 높은 로열티를 강조하는 문화 속에 부정이 숨쉴 곳이 없다. 비노조경영으로 빠른 의사결정과 상생의 정책을 가져가고 있다. 그러나 삼성의 가장 큰 강점은 바로 삼성인이라는 공동체 의식이다. 삼성인, 삼성체전, 현지채용인 교육 등 삼성은 삼성인으로 하나가 되도록 한다. 삼성은 지금 창조경영을 강조한다. 이러한 창조경영은 인간경영, 청결한 문화, 비노조경영과 삼성인이라는 공동체 의식이 기반이 되지 않는다면 어렵다.

리더에게는 아랫사람을 바람직하게 변화시켜야 하는 책임이 있다. 모든 사람이 자신만의 개성과 속성이 있다. 이 개성과 속성을 살려줘야 한다. 더 강화해줘야 한다. 그들의 단점을 지적하기보다는 그들이 가진 강점을 더욱 키워줘야 한다. 이를 위해서 먼저 자기 자신의 강점을 강화해야 한다. 구본형 씨는 「내 강점을 찾아내 집중투자하라」라는 글에서 '재능 이력서'를 작성하여 자신의 강점을 찾아 그곳에 자원을 집중투자할 때 가장 빨리 자신의 전문분야를 확보할 수 있다고 했다.

자신이 먼저 솔선수범하고, 이를 바탕으로 직원들의 강점을 끌어내 성과를 창출해 가는 사람이 진정한 리더 아니겠는가?

part 4

변화 주도

혁신은 생존이다

혁신하지 않으면 15년 안에 망할 수 있다.

피터즈와 워터만은 『초우량기업의 조건』에서 "실패한 계획에는 반드시 하나의 공통된 특징이 있다. 그것은 예외 없이 자발적으로 행동하는 의욕적인 혁신자가 없었다는 것이다."라며 혁신을 강조한다. 세계의 지식이 7년에 두 배가 된다고 한다. 그렇기에 7년 동안 유지만 하고 있었다면 유지가 아닌 쇠퇴이다.

일본에는 원숭이만 사는 섬이 있다. 그 섬의 원숭이들은 고구마를 먹고 지내는데, 항상 털어서 먹었다. 그러던 어느 날, 한 원숭이가 우연히 고구마를 씻어 먹었더니 지근 거리지 않고 맛있었다. 자연스럽게 섬의 대부분 원숭이가 고구마를 씻어 먹게 되었다. 이해할 수 없는 것은 도저히 원숭이가 헤엄쳐 갈 수 없는 또 다른 섬에서도 고구마를 씻어 먹더라는 점이었다. 원숭이 세계에서조차 혁신이 이루어지고 있다.

역사를 돌이켜 보면 끊임없이 혁신을 추구한 나라는 강해졌고, 혁신을 외면한 나라들은 사라졌다. 하물며 기업은 어떻겠는가? 철저하게 혁신하면 성장하고, 소극적으로 대응하면 쇠퇴하게 된다. 맥킨지 보고서에 따르면 기업의 평균 수명이 1935년대의 90년에서 1955년엔 45년, 1975년엔 30년, 1995년엔 22년, 2005년엔 15년이라고 한다. 혁신하지 않으면 15년 안에 망할 수 있다는 위기의식을 우리에게 전하고 있다. 2006년 한국상공회의소 자료에 의하면, 1994년 이후 중소기업 74.7%가 10년 이내에 사업을 접는다고 한다. 혁신하지 않으면 망한다.

혁신은 모험이 따르기 마련이다.

국제 판타스틱 영화제로 유명한 일본 홋카이도 유바리시는 2006년 9월 재정의 14배에 이르는 360억 엔의 부채를 견디지 못하고 파산 신청을 내었다. 탄광촌에서 관광도시로의 무리한 추진이 원인이었다.

훗카이도의 혁신은 다카하시 하루미 지사에 의해 시작된다. 하루미 지사는 훗카이도 신생 플랜을 만들었다. 먼저 주민에게 위기의식을 불어넣고, 관민 합동의 기업 유치 노력으로 도요타 자동차를 끌어들였다. 또 새로운 상품과 지역 특산물 및 눈을 이용한 스키장을 개발하여 관광객을 오게 하는 대변혁을 주도한다. 폐광으로 인한 탄광산업의 쇠퇴, 관광산업으로의 변화에 실패한 파산한 도시를 맡아 주민들과 함께 경제적 자립을 이루어 간다. 리더는 혁신을 위한 계획을 세우고, 수없이 많은 방해를 극복하며, 일관되게 추진하는 사람이다.

존 코터John Kotter는 『변화의 기술』이란 책을 통해 혁신에 성공하지 못하는 8가지 요인을 제시했다.

① 자만심을 방치하였다.
② 혁신을 이끄는 모범적인 사람이 없다.
③ 5분 안에 설명할 수 있는 비전이 없다.
④ 비전을 전파하지 못했다.
⑤ 방해물, 무사안일주의자를 방치해 두었다.

⑥ 단기간에 가시적인 성과를 보여주지 못했다.

⑦ 샴페인을 너무 일찍 터뜨린다.

⑧ 새 제도를 문화로 정착시키지 못했다.

경영하다 보면 고정관념과 기존의 방식을 준수하는 것이 편할 수 있다. 그러나 이렇게 해서는 새로운 성장을 추진해 나갈 수 없다. 리더는 회사의 성장과 생존을 위해 혁신의 중심에서 진두지휘해야 하는 의무가 있다.

자신부터 변화한다

"자신의 허물을 알 수 있는 사람이야말로 진정한 현인이다."

– 『楚書 (초서)』

남이 나를 사랑하지 않는다고 이야기하지 말고, 내가 그를 얼마나 사랑으로 대했는지 반성하고, 아랫 사람이 나의 지시를 왜 수행하지 않느냐고 화내지 말고, 내가 그의 마음속에 얼마나 간직되어 있는지 반성하고, 목표를 정해 노력을 했는데도 기대치에 미치지 못하면 그 원인을 자신에게서 찾아야 한다. 자신에게서 잘못을 찾고, 반성하며 개선하려고 노력하는 자세가 리더가 해야 할 가장 기본 행동이다.

나부터의 변화는 '내가 지금 진정한 초일류인가'에서 시작된다.

삼성이 1993년 新경영을 외치며 추진한 운동은 7·4제였다. 7시 출근하여 4시 퇴근하는 이 제도는 당시 사회적 인프라가 구축되지 않은 상태에서 쉽지 않은 결정이었다. 삼성은 "의식이 행동을 바꾼다."가 아닌 "행동을 통해 의식을 바꾸겠다."라는 의지의 표출로 이 제도를 강행했었다.

당시 삼성은 임원들에게 세계 초일류 백화점 견학을 통해 자신의 위치를 인식하게 하였다. 한쪽 구석에 먼지가 쌓여 놓여 있는 제품, 다른 제품에 덤으로 팔리는 제품의 현실이 그들을 자극하기에 부족함이 없었다. 나는 지금 초일류인가? 다음 질문에 나는 자신 있게 이야기할 수 있는가?

– 10년 후 나를 먹여 살릴 사업 계획을 갖고 있는가?

– 10년 후 현재의 급여와 퇴직금을 받을 수 있겠는가?

– 내 경쟁력은 무엇인가?

– 내 직무를 통해 높은 수익성을 보유하고 있는가?

– 세계 1위와의 격차를 줄이고 어떻게 앞설 것인가, 전략이 있는가?

– 회사의 비전과 나의 비전이 어느 정도 일치하는가?

– 내 분야에 대한 최고의 전문성을 갖고 있는가?

– 효율적이고 생산적인 나만의 시스템을 갖고 있는가?

리더로서 나의 성공 이미지를 확신해야 한다. 진정한 초일류 리더가 되기 위해 자신의 성공 이미지를 내재화해야 한다. 아침에 거울을 보며, 나의 성공 이미지를 떠올리고 파이팅을 외쳐야 한다. 나의 성공 이미지가 나의 삶에 긍정적 영향을 미치도록 끄집어내어야 한다. 나아가 나의 성공 이미지를 타인이 인정하고 지원해 줄 수 있도록 알리는 노력을 해야 한다. 나는 성공한 리더이고, 모든 사람은 내가 이끌어 주기를 고대한다고 자기 암시를 해야 한다. 나는 나 자신을 믿고, 더 나은 삶을 살기 위해 노력한다고 확신해야 한다.

관습을 바꾼다

   리더는 고정관념이나 관습에서 벗어나 개선을 통해 타인에게 영향을 주는 사람이다.

   고정관념이 어떤 영향을 주는가를 보여주는 사례가 있다. 5마리의 원숭이를 우리 안에 가두고, 우리 위쪽에는 바나나를 걸어 두었다. 그 아래에는 계단을 설치하였다. 곧, 원숭이 한 마리가 계단 쪽으로 다가가 바나나를 향해서 오르려는 순간, 나머지 원숭이들은 차가운 물세례를 맞았다. 얼마 동안 나머지 원숭이들도 같은 시도를 하고, 그때마다 원숭이들은 차가운 물세례를 맞았다. 이제 한 원숭이가 계단을 올라가려고 하면, 다른 원숭이들이 이를 막았다.

   실험자들은 차가운 물을 치우고, 우리에 있던 원숭이 한

마리를 새로운 원숭이와 교체하였다. 새로 들어온 원숭이가 바나나를 보고 계단을 오르려고 하자, 다른 원숭이들이 바로 공격했다. 또 한 번의 시도와 곧이어 시작되는 공격들. 이 원숭이는 계단에 오르려고 시도하면 공격받는다는 것을 알게 되었다.

실험자들은 또 한 마리의 원숭이를 새로운 원숭이와 교체하였다. 새로 들어온 원숭이가 계단 쪽으로 다가가자, 나머지 원숭이들이 공격했다. 바로 전에 들어온 원숭이가 공격에 더 적극적이었다. 이런 식으로 원래 있던 원숭이들 모두가 새로운 원숭이로 교체되었다. 새로운 원숭이가 들어와서 계단을 오르려고 할 때마다 그 원숭이는 공격을 받았다. 이쯤 되자, 원숭이들은 왜 계단 가까이 가면 안 되는지, 왜 차가운 물세례도 없는데 계단으로 가는 원숭이를 공격하는지 모르게 되었다. 그러나 이제 바나나를 먹기 위해 계단으로 가는 원숭이는 한 마리도 없었다.

리더는 Proactive하게 업무를 추진해 가야 한다.
오래된 기업을 컨설팅 하다 보면 "좋은 게 좋은 거야, 하던 대로 해, 시키는 대로 해, 알아서 해, 우리끼리만 하자."

등의 문화가 있다. 사실 무엇인가 쉽게 바꾸기는 어렵다. 어릴 때 축구선수가 되기 위해 열심히 축구를 해 왔는데, 갑자기 농구를 하라고 하면 어떻게 하겠는가?

하지만 축구를 할 수 없다면 바꿔야 한다. 여자 양궁을 보자. 세계양궁연맹이 한국 여자 선수의 연승을 막기 위해 수차례 규정을 바꾸었지만, 항상 그보다 앞선 경쟁력으로 금메달을 휩쓸고 있다. 리더는 Proactive하게 추진해 나가야 한다.

아울러 습관의 덫에서 벗어나야 한다.

중앙일보의《중앙sunday》는 신문이 배달되지 않는 일요일에도 직장인 또는 고학력자들은 여전히 읽을거리에 대한 욕구가 있으나 일반적인 신문처럼 배달하기에는 여러 문제점이 있다는 고정관념을 뛰어넘었다. 일간지의 벽을 뛰어넘고 독자들에 대한 심층 면접을 한 후에, 고학력 고소득층을 겨냥하여 상대적으로 높은 가격에 중요 이슈를 중심으로 편성하여 새로운 틈새시장을 찾아낸 사례이다.

변화는 기본에서
출발해야 한다

삼성이 新경영을 하게 된 계기는 당시의 모습을 볼 때 망할 지도 모른다는 위기감이 있었기 때문이었다.

삼성본관 앞의 라면집에는 근무시간임에도 불구하고 라면을 먹는 직원들이 줄을 섰었다. 불량품임을 알면서도 그냥 라인에 흘려보냈고, 선진 경쟁사에 비해 생산성이 형편없었다. 국내에 안주하는 태도와 CEO만 바라보며 시키면 시키는 대로 실행하는 모습, 지시는 잘 못하고 지적은 잘하는 상사, '회의, 회의, 또 회의'인 회의 만능주의. 이러한 삼성의 모습 속에서 솔직하게 이야기해 보자는 문화가 싹트게 되었다. 삼성 신경영은 근본적으로 "기본으로 돌아가자."이다. '나부터, 윗사람부터, 쉽고 작은 것부터 철저히'

가 그들의 모토가 되었다.

기본은 자기반성부터 시작된다. 삼성은 절대 일등이 아니라는 반성을 했다. 용인에 있는 삼성인력개발원에 1등 제품과 삼성제품을 보내 비교를 통해 수준 차이를 명확하게 알게 하였다. 무지와 권위주의를 없애려고 6개월 과정의 임원교육을 시행했다. 개인과 집단의 이기주의, 말로만 고객 만족, 농업적 근면성만 강하지 창의성이 없는 근무 태도, 양 위주의 사고 등…. 망한 다음에 무슨 할 말이 있겠는가? 삼성의 선택은 철저한 자기반성을 통한 철저함에 있었다.

본업을 망각하고 무리한 확장으로 망한 많은 기업이 있다. 전통 제조업의 강자인 SONY는 콘텐츠 엔터테인먼트 사업으로의 무리한 확장으로 '작고 아름다운' 소니의 강점을 잃었다. 국내 대기업이었던 대우의 쇠퇴 이유도 무리한 확장이었다. 국내 100대 기업의 변천을 살펴보면 "본업에 충실하라!"라는 경영 제언이 남의 말 같지 않다.

리더가 추구해야 할 기본은 무엇인가?

첫째, 선행적 위기의식이다.

사원과 리더의 차이점은 미래를 어떻게 보느냐에 있다. 리더는 미래를 선행 관리한다. 예측하며 대비하기 위해 부단히 노력한다. 문제를 해결하기 위해 사람을 만나고 책을 읽고 세미나에 참석한다. 사원은 현재에 집중한다. 현재 문제에 힘들어하고, 그 해결에 집중한다.

둘째, 적극적으로 지원하고 이끌며, 공유하는 자세다.

리더가 리더십을 발휘하지 못하는 이유 중의 하나가 너무 높은 수준과 가치를 보유했다는 것이다. 당연히 경험, 지식과 정보가 적은 사원이 바라보는 시야와 일 처리 사이에서 Gap이 있을 수밖에 없다. 구성원과 동료가 되어야 한다. 파트너십을 발휘해야 한다. 성과를 높이기 위해 구성원에게 자율성과 책임을 부여해야 한다.

셋째, 조직, 직무와 구성원의 경쟁 원천이 무엇인가 항상 인지하고 있어야 한다.

핵심기술, 핵심직무, 핵심인재를 유지 · 관리하고, 강화해 나가야 한다.

평상시에
위기를 생각한다

　지난 다음에 위기는 없다고 생각한다. 지나온 세월을 생각해 보라. 어느 순간은 힘들었지만, 그때마다 문제가 해결되어 총체적으로 보면 순탄하게 걸어왔다고 생각한다. 내가 지금 이 순간에 있는 것은 내가 잘해왔기 때문이라고 생각한다. 그리고 나는 계속 잘해 나갈 것이라고 믿는다. 나에게 획기적인 일은 없다고 생각하고, 지금까지 해 온 것이 최선이었다고 맹신한다. 과거의 어려움에 대한 기억이 어느 순간 무뎌져 버린 탓이다.

　과거는 과거일 뿐이다.
　신입사원에게 어느 일을 맡기면 제일 먼저 과거 자료를 찾는다. 과거 성공과 익숙함에 대한 선택일 것이다. 창의성과 신입사원으로서의 도전이 부족하다. 이는 신입사원의 잘못이 아니다. 조직 내에서 학습된 결과이다. 선배들도 지시가 있을 때, 자신이나 더 위의 선배가 했던 과거의 자료를 찾았기 때문이다. 상황의 변화에도 불구하고, 과거 승인되었기 때문에 이번에도 승인 될 거라는 막연한 기대감이 일을 제자리에 머물게 한다.

의사결정에 있어서 과거의 성공이 미래 발목을 잡는 일은 매우 많다. 아날로그 시대의 근면성을 바탕으로 했던 일들을 디지털 시대에도 어울리지 않게 시킨다. 엑셀을 사용하면 1시간이면 할 일을 계산기로 두드리라고 한다. 창조가 아닌, 개선하면 된다는 사고가 위기를 부른다.

성공한 기업의 경영자는 성공을 바탕으로 이제 한 걸음 한 걸음 개선만 하면 충분하다는 생각이 드는가 보다. 새로운 일을 벌이기보다는 기존의 일을 개선하기를 원한다. 신사업에 대한 연구개발·투자보다는 기존사업의 유지관리를 통한 이익 극대화에 더 많은 관심을 두는 듯하다. 이러한 기업은 어느 순간 반드시 정체되고 궁극적으로는 망하게 된다. 개선하면 된다는 사고는 쇠퇴로 가는 길이다. 새로운 것에 대한 도전과 악착같은 실행을 통해 창조해 나가야 기업은 성장한다. 머무는 것은 반드시 위기를 부르게 되어 있다. 위기는 성장과 쇠퇴의 갈림길을 결정하는 시발점이다.

　미국 금융위기에 대응하는 두 유형이 있다.
　하나는 위기를 기회라 보며 지금껏 보유하고 있던 자산을 기반으로 더욱 도전적인 인수합병을 추진하는 기업이다. 상황이 안 좋다 보니 흑자도산을 하는 좋은 기업이 생기기 마련이다. 이런 기업을 유리한 조건으로 살 수 있는 기회로 보는 기업이 있다.
　다른 하나는 움츠리는 것이다. '소나기는 피해서 가라'는 옛말처럼 위기의 순간에 잔뜩 움츠려 있는 기업이다. 어느 기업이 성하고 어느 기업이 망하겠는가?
　슬기로운 자는 미래를 현재처럼 대비한다.
　어려울 때 가장 쉽게 이야기하는 것이 감축이다. 삼성전자는 매년 최고의 당기순이익을 달성하고도 다음 해에는 위기라며 구성원에게 지속적 혁신을 강조한다. 위축되라는 것이 아니다. 복지부동하라는 것은 더더욱 아니다. 미래를 위해 현재 더욱 준비하라는 말이다. 슬기로운 자는 현재에 만족하지 않고, 항상 더 높이 더 멀리 보며 준비하고 있다.

새로운 패러다임을
제시한다

리더의 역량 중 으뜸으로 선견력을 이야기한다. 앞을 내다볼 수 없는 미래의 불확실성에 리더가 방향을 제대로 잡아 주는 회사는 성장하고, 반면에 엉뚱한 방향으로 이끄는 회사는 망할 수밖에 없다.

1990년대 말까지만 해도 아날로그 시대가 디지털 시대로 그렇게 빨리 바뀔지 아무도 예상하지 못했다. 140년 된독일의 필름회사인 '아그파'는 당시 최대의 매출을 자랑했으나, 결국 디지털 시대에 대응하지 못하고 문을 닫고 말았다. 디지털 시대의 도래는 사업구조, 경영자의 철학, 회사의 업무 프로세스, 각종 인사 제도 및 조직구조에도 많은 영향을 가져왔다. 한마디로 기존의 생각과 행동으로는 디지털 경쟁에 살아남지 못한다는 위기의식을 강하게 심어 줬다.

FORD 자동차는 종래 외상매입금관리를 500명의 인원이 담당하였으나, "송장을 받으면 지급한다."라는 발상에서 "물건을 받으면 지급한다."라는 발상의 전환으로 과거 14가지의 관리서류를 3가지로 감축하여, 75%의 인력 감축을 가져오는 규칙 파괴 활동을 전개했다. 사내 구성원이 보유한 지식을 KM지식경영System에 등록하여 지식의 공유와 재창조가 일어나도록 많은 기업이 가져가고 있는 일도 20년 전에는 상상을 못 할 일이다. 당시 자신의 기술과 경험은 남에게 알려 줘서는 안 되는 밥줄과도 같은 일이었다.

S생명의 '소장도우미'는 매일 5건의 아침 교육 자료를 전국에 있는 소장들에게 제공하여, 조회시간에 대한 부담을 덜어줄 뿐만 아니라 지식의 공유를 전사적으로 활성화하는 수단이 되고 있다.

디지털은 HR에도 패러다임의 변화를 이끌었다. 아날로그 시대의 HR 관심은 선발 중심의 사람이었다면, 디지털 시대의 관심의 대상은 성과 중심이며 회사에 대한 공헌도이다. 자연 성과 중심의 역할이 강조되고, 평가 기준에서도 연공서열은 갈수록 약해진다. 보유능력보다는 회사를 위해 궁극적으로 어떤 성과를 창출했느냐가 판단의 척도가 되었다.

어떻게 새로운 패러다임을 조직과 구성원에게 전파할 것인가? 현명한 리더라면 항상 새로운 패러다임을 강요하거나, 쫓지 않는다. 큰 그림을 그리고 기존의 것과 연계하여 발전해 나간다.

우선 새로운 것을 창조하는 문화가 꾸준히 조직에 뿌리박도록 노력한다. 연구하는 마음과 항상 개선하는 노력이 개인과 조직 나아가 국가를 발전시키는 활력소가 된다. 세계적 기업 3M과 구글의 공통점은 구성원들이 자유스러운 분위기 속에서 연구하고 창조하게 하는 데 있다.

아울러 리더는 만남과 배움을 장려해야 한다.

어느 기업을 컨설팅한 컨설턴트가 "이 기업은 오래 가지 못한다. 임원이 외부 사람 만나는 경우가 적고, 1년에 책을 10권도 읽지 않는다."고 지적하는 말을 들었다. 임원이 내부지향으로 내부 사람들과 경쟁하고 위만 바라보면, 아랫사람이 어떻게 성장하겠는가? 외부 전문가를 만나고, 자신이 배운 것을 널리 공유하고 새롭게 발전시켜 성장을 중시하는 조직문화를 숨 쉬게 해야 한다. 나아가, 리더는 과거의 습관에 얽매이지 않고, 변화를 인정하고 직원의 개선과 변화하려는 노력을 적극적으로 장려해야만 한다. 도요타와 삼성 등 초일류기업에는 직원의 아이디어를 성과로 이어지게 하는 제안 제도가 있다. 구성원에게 새로운 아이디어가 있으면, 사내 제안 제도를 통해 바로 제안한다. 회사는 이를 평가하여 매년 시상함으로써 직원들의 사기를 올리며, 회사도 더 큰 성과를 창출한다.

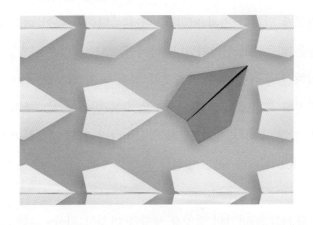

목표를 정해 도전한다

46세의 나브라틸로바는 윔블던에서 테니스 정상을 차지한 선수이다.

보통 사람이라면 테니스코트 양쪽 끝을 왕복 2~3번만 빠르게 달리면 지쳐 버린다. 이제는 나이가 들어 이런 운동은 힘들다고 이야기한다. 하지만 그녀는 "많은 사람들은 실패가 두려워 아예 시작조차 하려 하지 않는다. 그러나 진정한 의미에서 실패라는 것은 해볼 만한데 시도조차 하지 않는 것이다. 할까 말까 망설이다가 결국 시도하지 않는 것도 실패다."라고 말한다.

당신이 20년간의 경영자 생활을 마치고 회사로부터 3년이라는 고문직을 요청받았다면 무엇을 하겠는가? 후배들에게 경영 노하우를 전수해 줄 수도 있고, 중요 의사결정에 조언할 수도 있을 것이다. 자신이 가장 잘할 수 있는 영역을 정해 2년 만에 국제 코치 자격을 취득하고 후배 관리자를 대상으로 품격 높은 코칭을 해 준다면, 새로운 도전과 성취 아닐까?

암으로 6개월밖에 살지 못하는 아내는 얼마 남지 않은 인생을 위하여 평생 해 보지 않은 여행을 준비하고 떠난다. 아들을 만나고, 친구와 함께 쇼핑하고, 남편과 시골길을 걸으면서 자신이 평소 해보고 싶은 일에 도전한다. 만약 아픔의 마무리가 아니라 내 인생을 통해 해보고 싶은 것 100가지를 선정하고, 이를 달성하기 위해 노력한다면 더 의미 있지 않을까? 도전할 그 무엇이 있기에 평생 해 보지 않은 것을 해야만 하는 것이며, 가보지 않은 곳을 가는 것이다. 도전이 있다면 하게 되어 있다.

변화의 시작은 바로 목표를 정하는 것이다. 그 목표는 달성하기 쉬운 목표도 있고, 달성 그 자체가 알 수 없는 꿈과 같은 도전목표도 있다. 리더는 목표를 정하는 사람이다. 1년에 내가 꼭 해보고 싶은 일을 정하고 적어 놓고 매일 외치는 사람이다. 평생을 거쳐 꼭 해보고 싶은 일들을 적고, 달성해 가며 그 속에서 성취감을 느끼는 사람이다.

도전할 그 무엇이 있는 리더의 모습은 어떨까? 어느 날, 함께 생활하는 동료나 후배로부터 "나의 상사는 항상 뭔가 한다고는 하지만, 실제 하는 모습을 본 적이 없다."라는 이야기를 들었다면, 무슨 생각이 드는가?

평상시 업무 처리는 매우 잘하지만, 미래 준비를 위해 노력하는 모습이 보이지 않는 상사, 전문 지식이 없이 과거의 자료나 아랫사람의 의견에 의존하는 상사, 배울 점이라고는 근속과 경험밖에 없어 시대를 앞서가지 못하고 항상 뒤처져 있는 모습이 당신의 모습이라면, 상사로서 당신은 결코 리더가 될 수 없을 것이다.

도전할 그 무엇이 있는 리더는 자신이 정한 도전목표에 집중하며 항상 우선한다. 그리고 주위 사람들에게 비전을 주고, 뭔가 도전할 대상을 찾도록 안내하는 전도사가 된다. 나아가 열정과 동기부여를 통해 이를 달성하도록 지원하는 사람이다. 당연히 도전할 그 무엇이 있는 리더의 모습은 자신이 차 있고 항상 활력이 넘친다. 중요한 것은 이러한 리더 주위에는 많은 조언자와 후원자가 있다는 점이다. 자

신이 넘치되 교만하지 아니하고, 열정적으로 추진해 나가
되 독단적이지 아니하며, 항상 자신을 낮추며 한발 더 나
아가는 모습에 이끌리게 된다.

애빌린 패러독스를 극복한다

모두가 하고 싶지 않은 일을 어느 한 사람의 의미 없는 제안으로 하게 된 경험이 있는가?

당신이라면 한 끼 식사를 위해 40도가 넘는 폭염 속에 85km의 비포장도로를 먼지와 함께 달려가겠는가? 물론 아니다. 그러나 지나고 나면 후회할 일, 당연히 하지 말아야 할 일을 때로는 한다.

당신이 술을 마시는 사람이라면, 이런 기억이 있을 것이다. 어느 날 1차가 끝나 어느 정도 술 취한 상태에서 누군가가 "우리가 얼마 만에 만났는데, 한잔 더 하고 가자."라고 할 때, 가기 싫지만 함께한 기억. 집에서는 아내가 기다리고 있고 늦게 들어가면 분명 있을 잔소리, 주머니에 돈도 없고, 내일 할 일이 많은데, 가면 술이 술 먹는데….

왜 이런 일이 발생할까?

첫째, 모두가 다 알고 있는 일이기 때문이 아닐까? "모두가 다 그렇게 하는데.", "내가 아니라고 하면 내가 그 일을 맡게 되거나, 책임지라고 할 것 같아서….", "당연히 그렇게 하는 것 아녀요?", "튀기 싫어서" 등의 이유로 지금까지 그렇게 해 왔고, 모두가 그 일을 당연하다고 생각하고 있으면 반대하기 힘들다.

둘째, 본인의 생각을 정확하게 전달하지 못하는 데에서 발생할 수도 있다. 상사의 권위에 눌려, 조직이나 단체가 지닌 동료의식이나 무언의 압력으로 인해, 잘못인 줄은 알지만 따르는 것이 낫겠다는 생각, 표현 자체를 못하는 개인적 특성 등으로 말없이 따라가는 현상이 나타날 수 있다.

셋째, 합의 자체를 도출하지 못해 이런 일이 자주 발생할 수 있다. 회사가 어느 한 사람의 의사결정에 의해 일사불란하게 움직인다면 한두 번은 이런 일이 일어나지만, 반복되지는 않는다. 그러나 전체 합의를 중시하는 문화와 조직에서는 자주 이런 일이 발생하게 된다.

리더는 왜 애빌린 패러독스를 극복해야 할까?

애빌린 패러독스가 미치는 악영향이 크기 때문이다. 상

황이 종료된 후에 반드시 책임을 추궁하게 된다. 모두가 원하지 않은 일을 했기 때문에 "누구 때문이냐?"를 지적함으로써 자신은 피하려고 한다. 조직에서 "저 사람 때문에 이번 일이 이렇게 됐다."라고 지적된 그 사람이 순간적으로 패자가 되어 부활하지 못한다면, 조직 전체에 보신주의가 물들게 된다. 자신감을 잃게 하고 창의를 죽이며 전체에 묻어가려는 경향이 심하게 나타난다. 애빌린 패러독스를 극복하기 위하여 "아닌 것은 아니다."라고 말할 수 있는 문화를 이끌어 가야 한다.

허조는 황희, 맹사성 등과 더불어 세종 시대의 3대 정승으로 불린다. 하지만 그렇게도 너그러운 성군이었던 세종마저 "허조는 그야말로 고집불통이다."라며 고개를 절레절레할 정도였다. 아무리 자신을 중용하는 임금이라 하더라도 법과 원칙에 어긋나는 점에 대해서는 왕에게 반론을 제기하고, 제어하기를 주저하지 않았다. 조직에서도 허조의 역할을 그 누군가가 해줘야 한다. 이를 위해서는 열린 커뮤니케이션을 가져가야 한다. 누구도 자신의 의견을 자신 있게 이야기할 수 있어야 한다. 나아가 반대의견에 대해 인정을 해야 한다. 반대가 사라지는 순간 창의도 사라진다는 점을 잊어서는 안 된다.

리더는 개인적으로도 합리적 판단을 해야만 한다. 평소에 전략적이며 합리적인 의사결정 훈련을 쌓아야 한다. 나아가 집단의사결정이 주는 장단점을 정확하게 파악하고, 조직이나 개인이 집단의사결정에 빠지지 않도록 회의 문화와 조직문화를 가꿔가는 노력을 기울여야 한다.

잘못을 시정한다

20여 년이 지난 직장생활 속에서 기억나는 상사가 누구일까?

자신의 능력을 인정해주고 끊임없이 칭찬하며 인간적으로 대해준 상사가 생각날 수도 있다. 서류를 던지며, 화 또는 짜증을 내고, 매우 엄했던 상사가 생각나기도 한다. 그러나 돌아보니 나에게 목표를 제시하고, 업무를 매우 엄격하게 가르쳐주고, 어려울 때 힘이 되어준 상사가 가장 기억에 남는다.

1분 경영이란 책이 있다. 1분 목표를 세우고, 1분 칭찬을 하며, 1분 질책을 하라는 내용이다. 이 중 가장 어려운 일이 무엇일까? 1분 목표에 대한 조언은 항상 입에 달고 다닌다. 물론 얼마나 개인에 초점을 맞추고 구체적이냐는 별개이다. 1분 칭찬도 요즘 매우 구체적으로 많은 사람에게 공개적으로 잘한다. 그러나 1분 질책은 아직 어려워한다.

너무 일방적인 질책 또는 꾸중이나 비난으로 일관하거나, "내가 하지." 하는 심정으로 질책 자체를 하지 않는 경우가 많다. 지적이나 질책을 받지 않은 구성원은 자신이 한 잘못을 알지 못할 수도 있고, 배움의 기회를 잃어버릴 수도 있다.

구성원이 잘못했을 때, 어떻게 바로잡는 것이 바람직할까?

많은 서적에서 칭찬은 공개적으로, 질책은 개인적으로 하라고 한다. 물론 개인의 프라이버시를 고려해 상담실이나 회의실에서 구체적으로 잘못된 부분을 이야기하고, 다시 하지 않도록 다짐을 받을 수도 있다. 잘못이 개인 한 사람의 단순한 실수에서 오는 잘못이라면 이렇게 하는 것이 바람직하겠지만, 조직 전체가 저지른 잘못이고, 하나의 사례로 공유하고 싶을 때는 어떻게 할까?

전체가 상황을 인식하고, 그 상황에서 어떻게 하는 것이 가장 바람직한가를 의논하면 어떨까? 또는, 잘못한 사람이 배경과 잘못의 과정을 설명하며 어느 부분의 어떤 의사결정이 결과에 영향을 주었는가를 이야기하면서 자연스럽게 반성하게 하는 방법은 없을까? 본인이 유사한 잘못을 다시 하지 않도록 하고, 구성원들이 이를 공유하여 똑같은 실수를 되풀이 하지 않도록 유도하는 것이 좀 더 효과적일 것으로 여겨진다.

구성원은 어느 경우 실망하거나 화가 날까? 6개월간의 현장근무 때 혹독하게 기본 업무를 배우게 한 부서장과, 편하고 재미있고 여유 있게 업무를 준 부서장 가운데, 2~3년이 지난 후 누구를 원망할까?

혹독하게 업무를 배운 사람은 복사 한 장을 하더라도 정확하고 깔끔하다. 여유 있고 편하게 근무한 신입사원은 복사를 시키면 복사에만 관심을 가질 뿐, '중간에 빈 종이가 끼워져 있는가, 번호는 맞는가, 복사가 비틀어진 것이 없는가?' 등에 신경을 쓰지 못한다. 세월이 지난 후 신입사원이라는 말을 듣지 않아야 할 시기에 신입사원과 같은 행동을 한다면 누구의 잘못일까? 리더의 잘못이다. 제대로 가르쳤어야 한다.

1분 질책을 잘하는 리더가 진정한 리더이다. 어느 경우에는 눈물이 쏙 나올 정도로 강하게 질책을 해야 한다. 사실 내가 아끼는 사람을 질책한다. 내가 좋아하지 않는 사람에게는 질책하지 않는다. 개선될 가능성이 없는 사람에게는 더더욱 질책하지 않는다. 질책한다는 것은 그만큼 관심을 기울여 지켜보며, 내 시간을 내어 그 사람이 잘되기를 바라는 마음이 이끄는 행동이다.

 잘못한 구성원을 질책할 때, 개인적 감정을 싣는 분은 없을 것이다. 이야기가 끝난 후에 "감사합니다. 제가 큰 실수를 했습니다. 다음부터는 이런 실수를 하지 않도록 더욱 노력하겠습니다. 좋은 말씀 감사드립니다."라는 이야기를 들을 수 있도록 질책해야 한다. 먼 훗날 "내가 이 자리에 있게 된 것은 배움의 시기에 상사가 이런 질책으로 나를 이끌어줬기 때문이다."라고 자랑스럽게 이야기할 수 있도록 옳은 질책을 해야 한다.

실패에서 배우고,
차선책을 준비한다

잘못을 저지르지 않는 사람이 있을까?

적극적인 의사결정이나 도전적인 과제를 수행하지 않고, 지금껏 해온 일만 한다면 잘못을 저지르지 않을 가능성도 있다. 그러나 이런 조직은 어떻게 될까? 늘 똑같은 우물 안에만 머무를 것이다. 반면에, 적극적이면서 항상 도전적이고, 창의적이며 성공에 대한 강한 열정에 가득 차 있는 조직은 실패를 어떻게 생각할까?

두 조직이 있다.

한 조직은 실패를 장려하는 조직문화를 가지고 있다. 구성원들은 자신의 의견을 적극적으로 개진하고, 보다 성과를 내기 위해 다양한 시도를 한다. 물론 처음 시도되는 것이 많다 보니 실패를 많이 하게 되지만, 이러한 실패를 전 구성원에게 공유하여 포상까지 한다.

다른 한 조직은 실패를 용납하지 않는다. 모든 일을 완벽하게 처리해야만 한다. 한 번 실패하면 큰 위험이 따르기 때문에 회사는 실패라는 것 자체를 생각하지도 못하게 한다.

조직은 영속해야 하며, 성장 발전을 해야만 한다. 기업의 수명이 15년 이내라는 점을 감안할 때, 어느 조직이 살아남을까? 물론 사업의 특성을 고려해야 한다. 구성원의 역량과 조직 분위기도 고려해야 한다. 그러나 항상 도전과 창의가 샘솟는 회사가 오래 생존하며 성장하는 법이다.

실패를 통해 학습하려면 무엇이 필요할까?

첫째, 실패를 장려하는 문화이다. 구성원들이 자유롭게 자신의 직무를 고민하고 연구해서 새로운 제도 또는 제안을 만들어 나가는 문화를 내재화시키는 것이다. 90년대 초 도요타자동차를 견학했을 때, 생산 공정의 작업 방식이 서구의 방식과 다른 부분이 있어 종이에 적어 안내 직원에게 주었더니 안내가 끝나고 1000엔을 받았다. 회사에 도움이 되는 제안이라면, 제안의 가치에 따른 보상 이전에 무조건

1000엔을 선지급하는 제도가 전 직원에게 열려 있었다. 이런 제도 등이 실질적으로 추진되다 보니, 모든 구성원이 최고의 생산성을 내는 것이라 느껴졌다.

둘째, 열린 커뮤니케이션이다. 자신이 담당하고 있는 직무뿐 아니라 회사의 경영현황과 주요 의사결정에 대해 열린 커뮤니케이션이 이루어진다면, 큰 위기가 닥쳐왔을 때 피해가 매우 줄어들 것이다. 또 구성원 마음속에 더 노력하자는 열정이 일어나 수없이 많은 개선이 이루어질 것이다. 현재 하는 일에 집착하여 새로운 것을 받아들이려 하지 않는 닫힌 커뮤니케이션은 버려야 한다.

셋째, 실패를 실패로 묻어두지 않고 교훈사례로 삼는 지혜이다. 실패를 실패로 묻어두거나, 다가오는 위기를 단순히 고민만 하고 적극적으로 대처하지 않는다면, 더 큰 실패와 위기를 초래할 수 있다. 리더는 실패에서 성공을 읽어야 한다. 다가오는 위기를 항상 대비하고 준비하는 자세를 가져야 한다.

동서고금을 통해 역사의 많은 위대한 영웅들은 실패를

실패로 끝내지 않았다. 실패를 교훈 삼아 제2, 제3의 대책을 준비하여 다가오는 위기를 빠르게 파악하고 대처하여 성공으로 이끌었다. 리더에게 필요한 것은 실패를 장려하며, 이를 구성원과 공유하고, 새로운 교훈을 만들어 조직을 변화시키는 지혜이다.

part 5

일 관 리

진정한 프로는
성과를 내는 사람이다

리더가 가장 중시해야 할 일이 무엇일까?

그것은 성과이다. 환자가 병원을 찾을 때, 가장 중시하는 것은 자신의 병을 정확히 진단하여 빠르게 낫게 해주는 의사이다. 마음씨가 착한 의사도 아니고, 친절하지만 병을 낫게 해주지 못하는 의사도 아니다. 기업이라면 질 좋은 제품이나 서비스를 고객에게 빠르고 값싸게 대량으로 제공해야 최고라고 할 수 있다. 리더라면 기업에 성과를 창출해 주는 사람이여야 한다.

성과를 창출하기 위해 무엇을 해야 하는가? 성과를 창출하는 길은 크게 두 가지가 있다.

첫째, '전사 목표–사업부 목표–팀 목표–개인 목표'로 연계하여 MBO^{목표관리} 방식에 의해 성과를 창출하는 방법이다.

둘째, 인재상과 핵심가치^{Core Value}, 조직문화 관리 등을 통해 구성원의 열정을 끌어내어 성과를 창출하는 방법이다.

리더는 업무 목표를 통한 성과관리, 조직가치와 구성원의 변화관리를 통한 성과 창출에 능해야 한다.

진정한 리더는 평범한 사람이 비범한 일을 하도록 만든다.

초우량 기업의 조건 중 첫째를 뽑으라면, '구성원들이 열정을 다하여 업무에 매진하도록 하는 것'이다. 미국에서 매년 조사한 '일하기 좋은 기업'의 특징 중 하나가 직원들이 "내가 이 회사에 근무하는 것이 자랑스럽다."라고 말한다는 것이다. 자신이 좋아하는 일을 자율적으로 하고, 마치 취미 활동처럼 일을 즐기며, 일 속에서 성장과 보람을 찾는 회사가 자랑스러운 회사의 기준이다. 어떻게 하면 이렇게 할 수 있을까?

일 관리의 원칙이 있다. 누구나 일에 대한 자신만의 원칙을 갖고 있어야 한다. 사무관리직의 일은 통상 4단계_{기획, 실행, 결과물 창출, 홍보와 활용}로 이루어져 있다. 여기에 각각 3원칙을 더해 12개의 원칙을 생각해 보았다.

1단계: 기획의 차이가 성과의 차이를 낳는다

■ 조직장이 일을 지시할 때, 직원이 전략 기획부터 실행까지 다 추진하게 한다면 리더십 역량이 매우 뛰어난 조직장이거나 혹은 무능한 조직장이다. 조직장은 일의 바람직한 모습(조감도), 이 모습을 달성해 갈 수 있는 큰 골격(목차), 그리고 골격별 중점 포인트(키워드)를 알려줘야 한다. 이것이 기획력이다. 기획을 잘하는 직원은 다음 3가지 비결이 있다.

① 자신이 주도적이고 자율적으로 아이디어를 낸다. 대리 이상이 되어 상사가 시키는 일을 추진한다면 무능하다. 자신이 고민한 과제나 프로젝트를 상사에게 말해 주도적으로 추진해야 한다.

② 일의 수준이 최소 한 직급 위 사람의 기대를 뛰어넘는다. 대리라면 과장 이상이 하는 일의 수준을 가져가야 한다. 일의 양은 많은데 수준이 낮다면 인정받지 못한다.

③ 바람직한 모습을 달성하기 위해 현상분석을 하고 명확한 계획을 수립한다. 기획이 뛰어난 직원들은 추진계획이 분명하다. 스케치페이퍼를 통해 방향을 결정하고 기획의 삽질을 원천적으로 차단한다. 이들의 추진계획을 보면

해낼 수 있다는 확신이 든다.

2단계: 실행이 힘이다

■ 조직장의 일은 정도경영을 바탕으로 솔선수범하며 전
문 식견으로 의사결정을 하는 것이다. 이러한 의사결정을
잘 끌고 나가는 데 있어서 직원의 실행력은 절대적이다.
실행력이 강한 직원들의 3가지 특징을 살펴보면 다음과 같다.

④ 체크 포인트와 리스트를 가지고 일 전체를 관망하고
조율한다. 이들은 해야 할 일에 대한 체크리스트를 가지고
일 전체를 보며 최대한 효과적인 방법으로 마감을 앞당겨
효율을 올리는 노력을 한다.

⑤ 자료수집단계에 강하다. 일은 '자료수집-분석-대안설
정-최적안 결정-잠재 리스크 점검' 등의 절차를 거치는데,
이들은 자료수집단계에 가장 많은 시간을 쏟고 몰입한다.

⑥ 상사와의 부단한 소통이다. 조직장 입장에서 답답할
때는 일의 진행 상태를 모르는 경우이다. 보고가 없으면
알 수가 없다. 매일 업무 진척을 간략하게 보고하는 직원
이 예쁘지, 일을 다 끝내고 두꺼운 보고서를 가져오는 직

원은 엄청 피곤하다. 직원으로서도 "왜 이러한 방법을 사용했고, 대안이 이것밖에 되지 않느냐? 구성원이나 고객이 이 프로젝트를 보면 뭐라 하겠느냐?" 등 상사가 끝난 일에 질문을 하면 답이 없다. 날마다도 좋으니 수시로 보고하는 직원이 결정적 틀을 바꾸는 삽질을 하지는 않는다.

3단계: 결과물 창출은 빠르고 예뻐야 한다

■ 사무직 직원의 무기는 보고서와 말이다. 보고서를 통해 일의 시작과 결과를 정리하고, 말을 통해 이를 보고한다. 보고서는 남들이 따라갈 수 없을 정도로 명확하게 잘 작성하지만, 너무나 눌변이라 설명 능력이 떨어지는 직원이 있다. 반면, 말은 번지르르한데 보고서 작성 실력은 떨어지는 경우도 있다. 조직의 장 입장으로는 둘 다 무척 아쉽다. 결과물 창출을 잘하는 직원에게도 3가지 비결이 있다.

⑦ 마감이 상사를 감동케 한다. 조직장이 듣기 싫어하는 말 중의 하나가 "언제까지 할까요?"이다. 필자는 대리부터 이 질문을 한 적이 없다. 조직장 입장으로는 빠르면 빠를수록 좋은 것 아닌가? 직원들이 언제까지 해야 하냐고 물

으면 이렇게 대답한다. "나를 감동케 해라."

⑧ 보고서의 수준은 최고경영자의 수준에 맞춰져 있다. 항상 '최고경영자라면 어떤 수준의 어떤 프로세스를 원할까? 기대효과는 무엇이며, 달성되었는가? 일을 추진함에 있어서 바르고 효율적으로 했는가?' 등을 고려해야 한다. 보고의 방법도 매우 중요하다.

⑨ 모든 보고서가 예쁘다. A4용지에 10포인트 글자로 도표와 그림도 없이 빽빽하게 20P의 보고서가 작성되었다면, 한두 장 보다가 요약보고서 만들라고 지시한다. 더는 보기 싫고 피곤하다. 전자결재라면 화가 난다. 보고서가 흐름이 있고 과정과 결론이 명확하며, 깔끔하고 알기 쉽게 정리되어 있으면 조직장은 흐뭇하다. 자신은 절대 그렇게 작성하지 못하기 때문이다.

4단계: 일의 마지막은 활용하고 홍보하는 데 있다

■ 직원들이 가장 못하는 단계이자 동시에 최고로 인정받을 수 있는 비결이다. 대부분의 직원들은 일을 마치고 결과보고를 끝내면 더 이상 할 일이 없다고 생각한다. 그러나 뛰어난 직원은 다르다. 가장 중요한 일을 시작한다.

바로 자신이 한 일에 대한 기록과 활용이다. 매뉴얼을 만들거나 PPT로 한 일을 체계적으로 정리하고 이를 공유하며 활용한다.

⑩ 종료된 일을 매뉴얼과 파워포인트로 재작성한다. 이들은 자신들이 한 일을 시작부터 끝까지 기록하고 정리하여 자신이 마친 일을 기억할 뿐 아니라 뒤에 누가 이 일을 한다면 좀 더 쉽게 할 수 있도록 도움을 준다.

⑪ 정리된 매뉴얼과 파워포인트를 사내 게시판을 통해 공유한다. 이들은 생각이 다르다. 내 소중한 것은 나만이 간직해야 한다는 생각이 없다. 내 것을 통해 남들이 성과를 낼 수 있다면 기쁘다고 말한다. 자신은 더 좋은 자료를 만들면 된다는 생각을 지니고 있다. 이들은 보안에 대해 고려하고, 이 자료는 자신이 작성했다는 것을 꼭 알린다. 일 잘하는 사람의 특징 중의 하나가 바로 자신이 한 일을 자랑한다는 점이다.

⑫ 기록만으로 끝나지 않고 이를 보다 생산적 활동에 활용한다. 매뉴얼과 파워포인트를 가지고 강의를 하거나 책을 쓰는 데 활용한다. 이들은 강의안을 만드는 데 그렇게 많은 시간을 소요하지 않는다. 이미 같은 규격의 수많은

파워포인트 장표가 있기 때문이다.

구성원들은 내가 조직의 일원이며 중요한 역할을 하고 있다고 생각하면 본인의 신분과 관계없이 성과를 내기 위해 기꺼이 자신을 희생할 의지를 보인다. 그러므로 리더는 성과를 내기 위해 구성원에게 혼을 불어넣는 사람이 되어야 한다. 교육을 담당하는 말단 직원에게 "네가 하는 하나의 행동과 너의 말 한마디가 이 교육에 참석한 사람에게는 힘이 되고 지침이 된다. 너는 교육을 진행하는 사람이 아닌 미래 경영자를 육성하는 사람이다."라며 교육 담당자의 역할과 자부심을 고취했다면, 그는 분명 보통의 담당자가 아닌 회사의 철학과 방침을 전달하는 전도사가 될 것이다.

일을 재미있게 한다

우리는 몇 살까지 일할까? 혹자는 60살이라고 한다. 수명이 늘어 정년이 60살 이상 되는 기업이 증가한다고도 한다. 그러나 우리나라의 평균 연령이 80살에 가깝다고 본다면, 우리는 죽는 그 순간인 70살까지는 일을 해야 한다.

인생의 1/3인 초반부는 힘들게 공부하면서 보낸다. 그 결과 직장을 갖고 결혼을 하게 되고, 중반부로 접어든다. 이 30~60살까지의 중반부 생활이 너무 즐겁다 보니 마냥 이 시간이 지속되리라 믿고 인생의 중반부에 머무는 사람도 있다. 그들은 남은 후반부인 30년을 준비하지 못한다. 초반부에 준비한 공부의 결과가 인생의 후반부까지 가지는 못한다. 60살이 넘어 죽는 그날까지 재미있게 삶을 살아가는 방법은 무엇일까? 그것은 일을 즐기는 것이다.

어느 순간 직업이 없이 일 년을 보낸다고 생각해봐라. 아내는 집에 있는 남편을 고운 시선으로 대하지 못할 것이다. 아이들도 평소에 대화도 하지 않던 아버지가 방에 있으니 힘들 것이다. 찾는 이도 없고, 갈 곳도 없고. 한 달에 600만 원 이상을 받았었는데, 막상 시장에 나오니 하루아침에 200만 원 주는 일자리가 없다. 회사가 망하고 타 회사에 합병되어 구조조정 된 직원들이 몇 년이 지나 회사가 정상화되어 복직 된 후에 쓴 자서전에는 이런 글이 있다. "마치 시베리아 벌판 한가운데 서 있는 느낌이었다. 회사가 다시 불러 주겠다는 약속을 믿고 나는 핸드폰을 손에서 놓은 적이 없었다."

일이 즐거운 사람은 어떤 모습을 보여줄까?

일이 즐거운 사람은 일 속에서 보람을 느끼며, 자율적으로 일을 한다. 일 속에 의미를 부여한다. 시골 5일 장터에 가보면 물건을 파는 아주머니들의 표정이 다르다. 어느 분은 신세를 한탄하듯 물건을 팔고, 어느 분은 혼신으로 물건을 판다. 혼신으로 물건을 파는 분에게 자연스레 발걸음이 간다.

일을 즐기는 사람은 주어진 일에 의미를 부여하고, 그 속에서 일과 자신을 하나로 만드는 사람이다. 영·유아 학습지 회사인 한솔교육의 사명은 '우리는 자라나는 영·유아의 무한한 가능성을 지원하며 행복하게 해주는 일을 하고 있다'이다. 이 사명 때문에 교사가 되겠다고 지원하는 직원이 있다.

리더는 일을 즐긴다.

일을 결정하고 이끄는 사람이며 일을 즐기고 그 즐거움을 주위 사람들에게 전파한다. 생각해봐라. 아침에 출근하여 상사의 화난 모습을 본다면 감히 밝은 인사를 할 수 있을까? 직원들이 담배 한 대 피우고 커피 한잔 마시며 "오늘 왜 또 저러냐?"라고 상사 흉을 시작한다면, 직장생활에 무슨 흥이 있겠는가? 아무리 힘들고 어려운 일이 있더라도 리더는 그 일을 더욱 즐겁게 하려고 노력해야 한다.

즐기지 않으면 할 수가 없다. 즐기며 배우며 실천하는 사람이 성공할 수밖에 없다.

일에 매몰되지 않는다

한 친구가 있다. 이 친구의 출근 시간은 항상 8시이며, 퇴근 시간은 아무도 모른다. 그 누구도 이 친구가 나가는 시간을 본 적이 없다. 늦게까지 무엇인가는 하는데, 그것이 업무인지 무엇인지 모르겠고 아무튼 고개 숙이고 열심히 한다. 주말에 가끔 출근하면 이 친구는 반드시 있다. 취미가 업무인지 모르겠다. 젊은 시절 일 년, 아니 몇 년은 이런 모습으로 생활할 수 있을 것이다. 그러나 가정을 떠난 직장이 얼마나 의미가 있을까? 물론 집에 가도 즐거움이 없을 수도 있다. 그러나 취미 생활 없이는 직장생활 역시 지속할 수 없다. 몇 년이 지나 이 친구가 쓰러져 병원에 있을 때, 과연 몇 명이 끝까지 함께해 줄까?

하나의 문제에 매달려 다른 문제를 보지 못하는 친구가

있다.

중요하고 시급한 일이라면 당연히 집중력을 발휘하여 매진해야 한다. 하지만 리더가 한 과제에 몰입하여 다른 일을 몰라라 하면 조직은 흔들리게 된다. 아랫사람들은 자신에게 주어진 과제를 의논할 상대가 없어져 눈치를 보다가 일은 지연되고, 하찮고 여유 있던 일이 중요하고 긴급한 일이 되어 버린다. 구성원들의 마음을 이끌어 주지 못하는 리더의 공백은 조직 기강의 붕괴로 이어진다.

매일 매시간이 바쁜데, 왜 일은 성과를 내지 못할까? 일에 매몰되어 역설적으로 제 역할을 못 해서 나타나는 현상이다. 리더는 구성원보다 한발 앞서 생각하고 판단하며 행동하는 사람으로, 몰입해야 할 경우가 있다면, 아랫사람이 생각하지 못한 것을 생각해내고 이를 실행하도록 할 때이다.

일에 매몰되는 경우와 일을 즐기는 것은 차원이 다르다.

일에 매몰되는 경우는 일에 파묻혀 자신이 무엇을 해야 하는지 판단할 여유가 없는 경우이다. 일의 경중과 시급을 떠나 일 속에 파묻혀 버려서, 자기 생활은 찾아볼 수가 없고, 일 그 자체가 생활이 되어 버린 것이다. 반면에 일을 즐기는 것은 목표를 정하고 성과를 추구하면서 일의 우선

순위를 정해 이끄는 것이다. 술을 마시다 보면, 술 한 잔에 기분이 좋아지고, 둘째 잔에는 마음을 열지만, 점점 더해지면 술이 술을 마시는 상황이 된다. 일도 마찬가지이다. 일을 계획하고 자신의 통제 범위 내에서 추진해나가며, 가끔 일의 진척을 모니터링하고 개선해 나갈 때 재미가 있다. 이에 더하여, 무엇인가 자신이 해보고 싶은 것을 아이디어를 내어 스스로 추진해나간다면, 일을 더욱 즐기는 것 아닐까?

리더는 구성원으로 하여금 중요한 일을 여유롭게, 즐기게 만드는 사람이다.

10년 후를 생각하라고 한다. 일에 매몰되어 한 치 앞을 못 보는 구성원과 10년 후를 생각하며 일을 구상하는 구성원을 볼 때, 10년 후 어떤 현상이 일어날까? 그 순간에 내가 왜 미래를 보지 못하고 현실에서 벗어나지 못했나 후회한들 세월이 돌아오지 않는다. 리더는 성과를 창출하기 위해 일의 몰입을 강조하는 사람이지, 일에 매몰되어 미래를 못 보게 만드는 사람이 아니다.

목표를 명확하게 이끈다

초등학교 운동회에 가면 빠지지 않는 경기가 있다. 100m 달리기이다. 저 멀리 도착을 알리는 흰 선이 있고, 출발점에서 출발 신호와 함께 힘차게 달려간다. 무조건 달려가기만 하면 1등부터 순위가 결정된다.

기업에서도 역시 달리기를 한다. 하지만 달리기의 룰이 다르다. 먼저, 저 멀리 보이는 흰 선이 없다. 어디로 달려야 하는가를 모르고 달리는 사람도 있고, 명확하게 설정해 놓고 달려가는 사람도 있고, 열심히 뒤로 달려가는 사람도 있다. 어디로 가야 할지 모르기 때문에 순위의 결과도 매우 큰 차이를 보이게 된다. 어느 순간이 지나면 제대로 달린 기업은 성장하지만, 뒤로 달리거나 좌충우돌한 기업은 영원히 경쟁사의 이름에서 사라지게 된다.

물론 가장 중요한 것은 목표를 잘 정하는 것이다.

우리가 리더에게 선견력을 강조하는 이유가 바로 여기에 있다. 선견력이란 미래에 발생할 확률이 높은 어떤 상황을 설정하고 구체화해 나가는 힘이다. 현명한 리더는 선견력을 중심으로 조직의 위험부담을 줄이고 기회를 선점하는 경영을 이끌어 간다.

어떤 이는 추진력을 이야기한다. 설정된 목표를 최단 기일 내, 가장 효과적으로, 큰 성과를 창출하도록 모든 사람을 한마음, 한 방향으로 이끌어 가는 능력이다. 목표가 명확하고 이를 달성하는 road-map이 분명하다면, 이러한 추진력은 더욱 힘을 받을 것이다.

추진력에는 원칙과 방법이 있어야 한다. 로마 시대 검투사의 목표는 생존이다. 생사를 건 싸움에서 생존 방안이 좀 더 구체적인 검투사는 살아남을 수 있었다. 무조건 남을 죽여야 살아남는 것이 아니다. 생존을 위한 원칙과 방안이 있어야 한다.

이러한 목표와 추진력을 잘 내재화하여 세계 초일류기업으로 우뚝 선 회사가 있다. 바로 도요타 자동차이다. 2000년 도요타 자동차의 비전은 "2010년까지 GM을 따라잡자."였다. 다소는 무모하고, 비전이라기에는 점잖지 못한 표현이었지만, 이것이 성장의 원동력이 되었고, 구성원을 결집하는 힘의 원천이 되었다.

목표를 명확하게 이끌기 위해서는 리더 혼자의 힘으로는 불가능하다. 구성원과 하나 된 힘의 결집이 필요하다. 이렇게 하나 되게 만드는 것이 리더의 영향력이다. 목표를 구체화하고, 원칙을 세우며, 그들에게 희망을 보여주어야 한다. 마치 현실에서 만질 수 있는 것처럼 원하는 것을 명료하게 제시해주어야 한다. 나아가 달성하겠다는 열정을 심어주고, 실천하게 해야 한다. 시작은 새로운 영역이다. 산에 오르겠다고 생각하는 것과 막상 산에 오르는 것은 엄청난 차이가 있다. 산을 오르다 보면, 정상에 오르겠다는 욕심이 생기고, 힘들고 숨이 차도 오르게 된다.

리더는 전체를 생각하며 한 명 한 명에게 비전을 되새겨주고, 힘을 불어넣는 사람이다.

제대로 된 일을 하게 한다

조직의 장이 되어 구성원에게 강조한 말은 두 가지이다.

하나는 "이 일을 통해 얻고자 하는 것이 무엇이냐?" 다른 하나는 "그 일이 회사와 개인에게 어떠한 성과를 창출하느냐?"이다.

사실 중요하지 않은 일에 열중하여 중요하고 긴급한 일을 하지 못할 때도 있고, 본인은 일을 제대로 한다고 생각하면서도 하찮은 일에 매달리기도 한다. 어떤 이는 해야 할 일이 산처럼 쌓여 있는데, 한 가지 일을 완벽하게 하려고 그 일에만 시간과 노력을 투자한다. 이런 사람들을 보면 조직장은 화가 날 수밖에 없다.

제조업의 현장에서부터 성장한 엔지니어 출신의 임원이

라면, 5가지 공정을 거쳐야 하는 일에 대해서 모든 공정이 순차적이며 완벽하게 추진되어야 한다고 대부분 생각한다. 하나하나의 공정이 완벽하게 끝나야 다음 공정으로 넘어간다고 여긴다. 경영학을 전공한 신입사원 입장에서 보면 답답한 일이다. 2번째 공정까지만 하고 3번째 공정을 건너뛰고, 4번째 공정은 가볍게 하고 1, 2, 5번의 공정에 좀 더 시간과 노력을 기울이면 더 성과가 날 것 같은데, 할 수가 없다. 시키면 시키는 대로 하라고 한다.

일을 제대로 하는 것과 제대로 일을 하는 것은 분명 다르다. 1~5공정을 철저하게 순서에 의해 해 나가는 것은 일을 제대로 잘하는 것이다. 그러나 일의 효과와 성과를 생각하고 과정을 단축하고, 시간과 노력을 줄일 수 있는 부분을 과감하게 줄여 새로운 가치를 창출하는 것은 제대로 일을 하는 것이다.

제대로 일을 하려면, 일하는 사람이 일을 바라보는 데 있어 두 가지의 역량이 필요하다.

첫째, 이 일은 나의 일이라는 천직의식이다. 일을 하면서

이 일을 통해 사람들이 기뻐하는 모습을 생각하며 재미있게 일을 해야 한다. 본인의 일에 주인의식이 있어야 한다.

둘째, 개선하고 창조하며 성장하려는 혁신 의지이다. 지금껏 해온 일을 보다 개선할 방안이 있는지 고민해야 한다. 다른 회사는 어떻게 하고 있는지 벤치마킹도 해야 한다. 가장 많은 기업의 벤치마킹 대상이 되는 혁신적인 기업이 도요타다. 하지만 역설적으로 도요타는 가장 많은 벤치마킹을 하는 회사이기도 하다. 여러 서적이나 자료들을 취합하여 고민하고 연구하여 새로운 방법을 생각해내고 이를 통해 성장하려는 행동이 바로 제대로 일을 하는 사람의 마음가짐이다.

리더로서 가장 힘든 부하는 바로 시키는 일만 해내는 구성원이다. 이러한 구성원은 시키지 않는 일에는 관심이 없다. 그 결과 개선이 일어나지 않고, 차려진 밥상에서 밥만 먹는 어린아이 수준이 된다. 이러한 구성원이 회사 내 많이 근무하며 고위직급이라면, 그 회사는 망해가고 있다고 봐도 과언이 아니다. 구성원들이 새로운 시각에서 문제의식을 가지고 회사의 지속적 성장과 발전을 위해 부단히 제안해야 한다. 긍정적 제안을 많이 하는 회사는 생존할 수 있다. 그러나 모든 구성원이 마음속으로 생각만 하며 표출하지 않는다면, 그 회사의 경쟁력은 갈수록 약해질 수밖에 없다.

　리더는 구성원이 제대로 일을 하도록 항상 일에 대한 천직의식과 문제의식을 심어주어 성장시키는 사람이다.

중요한 일을
여유롭게 하게 한다

매우 바쁜 사람이 있다. 이것저것 하느라 바쁜 사람이라면, 몸은 힘들고, 성과는 매우 적게 된다. 기업에서는 '선택과 집중'을 잘하라고 한다. 문제는 무엇을 선택하느냐에 있다. "본업에 충실하라."라는 말이 진리이다. 본업의 핵심역량을 정확하게 파악하여 이에 집중하는 것이다.

대만 스마트폰 제조업체 HTC^{High Tech Computer}는 1997년 설립되어 자기 브랜드를 단 제품 하나 없던 일개 하청업체였다. 이러한 회사가 2007년 매출 36억 달러, 영업이익 9억 달러로 2002년 대비 영업이익 15배를 내며 스마트폰 시장의 무서운 별로 급성장한 이유는 단 하나이다. 바로 미래를 위한 기술과 경험에의 집중이다. 전 직원의 25%가 넘는 인원을 R&D에 투입하여 이에 집중함으로써, 경쟁사보다 2배 이상 많은 신제품을 출시하고 있다. 중요한 일에 집중하고 있는 회사가 성장함을 보여주는 사례이다.

일하는 방식에 따라 리더를 4가지 유형으로 나눠볼 수 있다.

첫째 유형은 매우 많은 일을 모두 열심히 하는 리더이다.
항상 바쁘지만, 성과는 그리 높지 않다. 전형적인 성실파로 아래 직원들이 정열적으로 일하는 상사의 모습은 인정하지만, 매우 힘들어한다. 선택과 집중이 안 되다 보니 결국 기진맥진해진다.

둘째 유형은 성과 높은 일에는 집중하지만, 그렇지 않은 일에는 신경을 쓰지 않는 리더이다.
유능하며 나름대로 조직의 흐름과 처세에 대해서도 뛰어나다. 성과가 높고 여유가 있기에 좀 더 멀리 높게 볼 수 있는 장점이 있다. 함께하는 아래 직원들도 자신이 중요한 일을 한다고 생각하고 이 일에 자기의 시간을 좀 더 많이 활용하는 데에 큰 자부심을 느낀다. 다만 조직 내에서 다소 성과가 낮고 일상적인 업무를 하는 사람은 깊은 갈등에 빠지게 된다.

셋째 유형은 하찮은 일에 집중하는 리더이다.

물론 시간적 여유가 없는 일이라면 어쩔 수 없겠지만, 일의 경중을 구분하지 못하고, 누가 봐도 나중에 하거나 안 해도 상관없는 일에 필요 이상의 시간을 투입한다면 직원들의 불만은 하늘을 찌를 것이다. 매년 구성원 회사 만족도를 조사하는 회사에서 '내가 일을 하는 데 있어 시간 노력의 낭비 요인이 있는 원인 1순위'는 바로 불필요한 문서 작성이다. 문서 작성이 중요한 것이 아니다. 문서에 담긴 내용이 중요하다. 그러나 파워포인트에 의해 문서가 작성되고 보고되다 보니 어느 순간 내용보다는 문서 작성에 더 많은 시간이 소요되는 경우를 볼 수 있다. 하찮은 일에 집중하는 전형적인 모습이다.

넷째 유형은 원칙을 정하고 선행 관리해나가는 리더이다.

일을 추진하는 원칙에 대해 직원들과 사전 공유하고, 그들에게 의사결정권을 위임하여 자발적으로 일을 선행 관리해 나가도록 만든다. 이런 리더는 선견력을 지니고 더욱 바람직한 일을 제시하는 역할을 할 수 있다.

리더에게 가장 중요한 일은 무엇일까?

회사의 의사결정을 담당하는 중요한 역할을 한다는 것을 잊지 않아야 한다. 회사는 망한 후에는 존재하지 않는다. 단연 회사가 지속 성장할 수 있게 하는 일이 최고로 중요한 업무이다. 지속성장하기 위해서는 성과이익를 창출할 수 있는 일이 매우 중요한 일이다. 성과는 차별화된 경쟁력이 없으면 이루어지지 않는다. 일상에만 빠져 있으면 그 누구도 미래지향적이거나 성과 지향적 사고와 경쟁적인 생각을 하지 않는다. 익숙함과 안정이 어느 순간 이것들을 대체해 버린다. 리더는 항상 과거보다는 오늘을 생각하며, 오늘의 의사결정은 내일을 바탕으로 남과 다르게 현명하게 해나가야 한다. 미래는 과거가 아닌 오늘의 준비에서 만들어짐을 잊어서는 안 된다.

단기적 관점에서는 중요하고 긴급한 일을 처리할 수밖에 없다. 그러나 현명한 리더는 장기적 관점에서 일을 생각해야 하므로 중요한 일을 여유롭게 가져가야 한다는 점을 잊지 말아야 한다.

깨진 유리창을 찾아
조정한다

『깨진 유리창』이란 책을 읽은 적이 있다. 일하는 과정에서 낭비 요인을 찾아 사전에 조치하라는 이야기이다. 가만 살펴보면, 내 주변에는 깨진 유리창이 너무 많다. 특히 시간 관리 부분에서 그렇다.

아침에 일어나서 출근을 준비하면서부터 퇴근하여 집에 돌아올 때까지, 나는 얼마나 효율적으로 시간을 관리했는지 항상 반성한다. 아침에 일어나 버스에 오르기까지 낭비 요인을 찾을 수가 없다고 생각했지만, 약 40분의 시간 속에 아주 단순한 한 가지 일을 하려고 10분 이상의 시간을 생각 없이 보내곤 한다. 버스 안에서의 행동, 사무실에서의 자투리 시간 활용 여부, 보고 또는 미팅 시의 지루함. 이 모든 것은 시간의 아쉬움을 남게 한다. 하루에 가볍게 버린 1시간은 1달이면 30시간, 1년이면 365시간이다.

내 주위의 시간과 노력의 낭비 요인을 없애려면 어떤 노력을 해야 할까? 단연 무엇이 시간과 노력의 낭비 요인인가를 찾는 일일 것이다. 2001년부터 조직역량 서베이를 실시하고 있는 A 회사의 시간/노력 낭비 요인 1~4위가 다음과 같았다.

- 1순위 : 불필요한 문서작업
- 2순위 : 비생산적인 회의
- 3순위 : 불명확한 업무 책임
- 4순위 : 불확실한 지시

자신이 의미 없는 문서를 한두 번도 아니고 10번 이상 수정한다고 생각해봐라. 한두 번은 선의의 마음을 갖고 수정하지만, 횟수가 더해 감에 따라 "그래, 시키면 시키는 대로 한다."는 식으로 수정을 하되 본인의 생각을 담지 않는다. 조직을 무사안일주의로 이끄는 병폐 중 병폐가 된다. 비생산적인 회의는 더하다. 아무 의견을 갖고 있지 않은 사람을 불러 자리에 앉혀 놓고 30분이면 끝날 이야기를 2~3

시간 지속한다. 모두가 불만이지만, 말을 하지 못한다. 만약 이러한 병폐가 조직의 관습으로 고착되어 관행으로 발전한다면, 개선하기 쉽지 않다.

깨진 유리창이 어디 있는지 알았다면 반드시 새것으로 교체해야만 한다. 새 유리창을 구해 갈아 끼우면 된다. 시간과 노력의 낭비 요인이 무엇인가를 알았다면, 새로운 방법을 찾아 실행하면 된다. 누군가는 다른 사람들에게 영향을 주어야만 한다. 이 영향을 주는 사람, 깨진 유리창을 찾아 조정하는 사람이 리더이다.

깨진 유리창을 내버려 두는 사람이 있다. 심지어 고쳐주겠다고 해도 거부하는 사람이 있다. 어떤 일을 하는 데 있어 방해자는 반드시 제거되어야 한다. 방해자의 제거 없이 혁신을 완성하기는 매우 어렵다. 깨진 유리창을 그대로 놓으라고 하는 사람이 방해자이다. 미관상으로도 보기 싫고, 여러 문제를 발생시키는 깨진 유리창은 제거되어야 마땅하다.

성과를 높이기 위해 깨진 유리창을 조정하는 일만큼이나 중요한 일이 하나 더 있다. 그것은 유리창이 깨지지 않도록 유지·관리하는 것이다. 외부에 있는 우수 인재가 입사하기를 희망하는 회사와 내부에 있는 우수 인재가 머무르기를 희망하는 회사가 있다면 당신은 어느 회사를 선택하겠는가? 유리창이 깨지지 않도록 유지·관리를 하기 위해서는 세심한 배려가 필요하다.

기존의 제도이더라도 시대와 경쟁사와 비교하여 항상 점검해야 한다. 내부 우수 인재에 대해 더욱 많은 관심을 가져 그가 성과를 창출할 수 있도록 지원해줘야 한다. 조직의 문화에서 후배는 선배가 키운다는 전통이 자리 잡게 하고, 불필요한 업무는 스스로 제거해나가는 문화가 정착되어야 한다. 더욱 강한 경쟁력을 위해 지식과 정보가 자유롭게 공유되며, 업무협조를 통해 성과를 높이는 조직으로 변해나가야 한다. 이것이 유리창을 관리하는 리더의 역할이다.

빠른 의사결정을 한다

"회사의 의사결정이 빠르다."라는 설문에 긍정 응답률 기준으로 70%를 넘는 회사는 그리 많지 않다. 팀제 시행 후 과/차/부장 제도 시절보다 의사결정이 상당히 빨라졌지만, 그만큼 책임의 소재도 분명해져 조직의 장은 더욱 신중한 의사결정을 하게 된다. 의사결정이 신중해지면 질수록 그 결정은 지연될 수밖에 없다. '누구의 잘못인가?'를 탓하기 이전에 생각해야 할 이슈가 많이 있다.

상사가 가장 좋아하는 직원은 누구일까? 상사의 말을 잘 듣는 직원일까? 알아서 본인의 일을 잘 처리하는 직원일까? 시키는 일을 잘해오는 직원일까? 능력이 탁월한 직원일까?

가장 좋아하는 직원은 빠르고 정확하게 보고를 자주 하

는 직원이다. 자주 정확하게 보고를 하다 보니 때로는 시시콜콜한 업무를 가지고 올 때도 있지만, 그만큼 내가 알고 있으니까 든든해진다. 무엇보다도 그 직원의 일에 내 시간이 많이 투입되어 그 일의 전체적인 윤곽과 상황을 함께 공유하므로 의사결정이 빨라질 수 있다.

두 개의 사례가 있다.

하나는 능력이 출중한 직원이 일을 완벽하게 해서 상사에게 보고하는 경우이다. "제가 이런 아이디어에 착안하여 이런 프로세스로 이렇게 추진했더니 이런 기대효과가 있었습니다. 결재 부탁드립니다." 언뜻 봐도 체계적이고 잘 정리된 보고서였다. 다만, 상사인 당신은 처음 보는 주제이며 보고 내용이었다. 당신은 어떤 기분이 들까?

다른 하나는 어느 날 한 직원이 다가와 "상무님, 이런 아이디어가 있는데 한번 추진해볼까요?" 하며 이야기를 한다. 그러면 상사는 "그래, 해봐." 또는 "그것 5년 전에 김 과장이 추진한 아이디어였는데, 실패했지. 한 번 더 확인하고 이야기해줄래."라고 말한다. 며칠이 지난 후 직원이

"상무님, 지난번 아이디어를 낸 안건인데, 이렇게 추진하면 이런 효과가 있을 듯합니다. 한번 검토 부탁드립니다." 하면서 초안을 주면, 상사도 어느 정도 프로세스에 첨언을 해주며 가볍게 "굿~ 잘해봐." 하게 된다. 직원은 프로세스가 진행되면서 중간 중간 보고를 한다. 결과가 나왔을 때는 상사도 투자한 시간이 있어 그 안건은 훨씬 쉽게 통과된다. 현명한 상사라면 더 높은 상사에게 중간 브리핑할 기회를 만든다.

신속한 의사결정은 일에 대해 확신이 있을 때 가능하다. 확신은 경험과 가치에 대한 인정이 있을 때 가능하다고 생각한다. 어느 상사도 자신이 배제된 채 일이 추진되는 것을 원하지 않는다.

개인적 의사결정 외에 집단의사결정이 있다. 어떻게 하면 집단의사결정을 신속하게 할 수 있을까?

저자의 경험에 의하면, 토의에 참석하는 대상자 중, 사전에 내 의견에 찬성을 보이는 아군 한두 명을 선정하여 선발언을 통해 의견을 강조하게 하는 것이 효과적이다. 그리고 안건의 통과로 불편해지는 조직장을 먼저 찾아가 양해를 구하는 경우 좀 더 신속하게 의사결정이 되며, 일의 추진이 빨라진다.

  일부에서는 의사결정을 신속하게 하려고 발표 장표를 회의 시간에 배포하고, 빠르게 회의를 추진함으로써 생각할 기회조차 주지 않고 끝낼 때도 있다. 이런 경우 의사결정은 되었지만, 안건에 불만을 가진 조직장이 추진을 도와주지 않아 실제 실행에 상당한 어려움을 겪기도 한다. 신속한 의사결정도 중요하지만, 더 중요한 것은 일이 성사되어야 한다는 점이다.

상사를 설득한다

    중간 관리자의 가장 힘든 일은 바로 상사와 부하 직원 간의 조율이다. 중간 관리자는 위에서 지시된 일을 바로 아래 직원에게 전달하고 아래 직원이 해온 일을 상사에게 보고하는 역할을 맡고 있다. 업무를 하면서 '왜? 어떤 성과를 창출해야 하는가?'를 고민하며, 보다 성과 있는 일을 지시하고 수행된 일을 점검한다. 문제는 지시를 내리는 Q 방법과 수행된 결과를 보고하는 가운데 발생한다.

    먼저 지시를 내릴 때, 본인이 100% 이해하지 못한 업무를 아래 직원에게 전달하면 일이 잘못될 가능성이 매우 높다. 불명확한 업무지시 결과, 많은 고생을 했지만 전혀 성격이 다른 결과물이 보고되어 꾸중을 듣는 경우가 있다. 명확하게 지시하지 못한 상사의 책임도 있지만, 제대로 파악하지 못한 중간 관리자의 잘못이다. 지시를 내릴 때는 기대하는 결과의 모습, 큰 골격, 반드시 포함되어야 할 중점 내용을 분명하게 제시해야 한다. 만약 결과물의 모습이 불분명하다면, 고민해보고, 그래도 불분명하다면 상사에게 질문하여 결과의 이미지를 분명히 가져가는 것이 바람직하다. 올바른 방향과 틀을 잡아주는 것이 리더이다.

작성된 결과물을 상사에게 보고할 때도 중간 중간 수시로 보고하고 최종 결과를 제시하는 것이 현명하다. 최종 결과물을 제시했을 때에는 더이상 똑같은 보고를 하지 말자. 같은 주제를 다른 방법으로 두 번 이상 하면 얼마나 짜증이 나겠는가? 만약 7일 이상 소요가 되는 일을 수행한다면, 보고는 몇 번 하는 것이 좋겠는가? 가장 바람직한 것은 매일 진행 상황을 공유하는 방식이다. 그렇지 않다면 4번은 반드시 해야 한다.

■ 첫 번째로 지시받은 바로 그 자리에서 지시내용을 이야기해 정확히 이해했는지 확인한다.
■ 두 번째는 3시간 이내에 결과물의 모습, 큰 틀, 추진 일정을 담은 1장의 스케치페이퍼를 통한 보고이다.

- 세 번째는 3일 차 오전에 하는 중간보고이다.

- 네 번째는 5일 차 저녁 최종보고이다. 7일이지만, 5일 저녁에는 상사에게 최종보고를 해야 수정이 필요할 때 고칠 수 있는 시간적 여유가 있다. 보고 시에는 언제 어떤 지시에 대한 결과물인지를 분명히 하고, 결론 중심으로 설명하되 기대효과를 반드시 제시해야 승인 가능성을 좀 더 높일 수 있다.

상사의 지시가 불합리한 경우 어떻게 하겠는가?

지시가 내려지는 순간, 못 한다는 결론보다는 "이러한 문제가 발생하면 어떻게 할까요?" 또는 "이 일을 하는데 이러한 장애물이 있는데, 추진할까요?"라고 간접적인 방법으로 제언하는 것이 훨씬 현명하다. "그것은 말도 안 되는 말씀입니다. 효과도 없는 그런 일은 해서는 안 됩니다."라고 강력하게 주장하면, 물론 그 일을 하지 않게 될 수도 있겠지만, 지시를 내린 사람은 매우 불쾌해질 것이다. 직장 선배님 중의 한 분은 불합리한 지시를 받은 경우, 하루 정도 지시를 수행하지 않다가 상사에게 가서 "아무리 생각해도 이런 부분으로 어려움이 있습니다. 재고 바랍니다."라고 정중하게 문서를 통해 이야기하는 방법을 택했다고 한다.

젊은 리더가 배울 점이라고 생각한다.

상사도 사람이기에 전에 지시한 것과 정반대의 일을 지시할 때가 있다. 이런 경우 눈앞에서 바로 "지난번에는 이렇게 하라고 하고, 이번에는 반대로 하라고 하면 어떻게 합니까?"라고 하는 것보다는 '왜? 무엇이 성과를 높이는 일인가?'를 고민하고, 옛일의 방법이 좀 더 낫다면 그 방법에 대해 정중하게 이야기하는 편이 보다 현명할 것이다.

상사를 설득시키는 전지전능한 방법은 없다. 있다면, 상사를 상사로 인정하고 진심으로 존중하는 마음을 간직하는 것이 유일한 방법이다. 처음 직장생활을 하면서 배운 교훈이 "어느 자리에 가서도 상사를 흉보지 마라. 그 상사가 더 좋은 자리로 이동하도록 최선을 다해라."였다. 상사가 좋은 자리로 갈 때, 나에게 기회가 생기는 법이다.

매우 권위적인 상사가 있다. 지시밖에 모르고 모든 성과는 자신의 성과로 가져가며, 아래 직원에 대한 인정/칭찬과 멘토링, 성과관리가 전혀 되지 않는 상사이다. 그렇다 할지라도 관계를 매우 소중히 해야 한다. 이것도 하나의 수련이기 때문이다. 내 마음속에 더 큰 상사의 모습을 간직하고 있다면, 상사의 모든 행동은 나에게 배움의 기회가 된다.

회의를 통해 성과를 창출한다

직장인의 스트레스 중의 하나가 회의이다.

당신 조직의 회의 문화는 어떤가? 갑자기 조직장이 어떤 지시를 받고 긴급회의를 하자고 한다. 지시내용을 설명하고 아이디어를 내라고 하면 모인 사람들이 저마다 의견을 내며 지시사항을 해결하는 데 협력을 하는가? 아니면 모두 책상만 바라보며 침묵을 지키는가?

후자의 경우 조직장은 그리 오랜 시간을 기다리지 않고 바로 지명을 한다. 지명을 받은 사람은 대답하고 나면 자신의 임무를 다했으므로 절대 책상을 보지 않는다. 침묵이 이어지고 또 다른 지명을 받은 사람이 응답하고…, 그중에 매우 합리적으로 이야기한 사람이 있다면 박수 후에 회의를 끝낸다. 당연히 그 일은 매우 합리적으로 의견을 낸 사람의 몫이 된다.

회의에 관한 리더의 역할은 무엇일까? IBM의 전 회장인 루 거스너 회장은 회의 문화를 이렇게 바꿨다.

"지위고하를 떠나 회의 주제에 대해 도움이 될 수 있는 사람만 회의에 참석하라."

참으로 옳은 지시이다. 월요일마다 회사 경영층이 모여 회의를 하는 회사가 많다. 단순 정보 공유의 장이라면 인트라넷으로 공유하면 된다. 뭔가 의사결정을 하는 회의라면 의사결정이 되도록 이끄는 것이 바로 리더의 역할이다. 준비부터 철저히 시켜야 한다. 가장 바보 같은 회의가 회의 안건을 시작과 동시에 알게 하고 발표의 순간에 처음 발표 내용을 보게 하는 회의이다. 이래서 무슨 회의가 되겠는가?

회의 중에 상대방의 의견에 반대할 수 있다. 그러나 상처를 주어서는 안 된다. 과거에는 Yes, But 기법이 옳았다. 이제는 Yes, And 기법으로 가야 한다. 정반대의 의견이 나올 수 있다. 이런 경우도 가능한 Yes, And 기법을 활용해야 한다. 의견이 없으면 한두 번은 회의 자체를 끝내 버리는 방법도 효과적이다. 의견이 없는데 앉아만 있다고 해 결책이 나오지는 않는다. 어느 회사는 참석한 사람들의 인건비를 먼저 제시하고 회의를 진행한다. 시간을 정해놓고 그 안에 무조건 끝내는 회사도 있다. 가장 바람직한 방법은 안건에 대해 건설적인 의견을 자유롭게 개진하고, 이를 중심으로 의사결정이 되는 회사이다.

마지막, 회의 후의 실행이다. 결정된 사안이 실행되도록 이끄는 것이 리더의 역할이다. 회의 결과로 피해를 보게 되는 조직이나 사람을 먼저 어루만져 줘야 한다. 일이 추진되는 데 방해물을 적극적으로 제거해야만 한다.

리더의 말 한마디는 결론이 될 수 있다. 한마디 말에 쏠림현상이 일어난다. 어느 경우에는 반대의견을 내는 사람을 한두 명 사전에 선정하여 회의를 이끄는 것도 좋은 방법이다. 자유롭게 토론하게 하고 가능한 의사결정을 내도록 해야 한다. 만약 의사결정이 어렵다면 기한을 정해 최종 의견을 작성한 후 결론을 내리기 위한 회의를 여는 것도 한 방법이다.

기업은 회의를 통해 더욱 성장해갈 수 있다. 물론 반대의 경우도 있다. 이 차이는 리더가 어떻게 회의를 인식하고 가져가느냐에 달려 있다. 리더는 회의를 회사의 중요한 의사결정의 채널로 인식해야 한다. 신입사원부터 효과적인 회의 진행을 교육하고, 성과 있는 회의 진행과 추진을 조직의 문화로 정착시켜 가꿔갈 책임이 있다.

part 6

사람관리

직원의 성공을 이끈다

직장인의 성공 시작은 처음 직장, 첫 직무, 첫 상사라고 한다. 첫 상사의 마음가짐과 행동 하나가 하얀 백지에 그림을 그려 넣는 것이다. 그의 말 한마디가 철학이 되고 그의 행동 하나가 관습이 된다. 신입직원에게 있어서 상사는 바로 어린아이 때의 아버지와 같은 존재이다. 자신이 못하는 것을 너무나 쉽게 해내는 상사를 보며, 마치 슈퍼맨이라 생각한다.

상사에게 아래 직원은 어떤 존재일까? 직장이란 곳에서 만나 그냥 스쳐 가는 인연으로 생각하며 가볍게 생각하는 상사가 있을까? 당연히 없을 것이다. 아래 직원과 함께 어떻게 일을 해나가느냐에 따라 자신의 조직과 성과가 결정된다. 당연히 상사에게 있어 아래 직원은 부하의 개념이 아닌 협력자이며 동료이다. 이 아래 직원을 어떻게 이끌어 주느냐에 따라 그 직원의 인생이 달라진다. 상사의 가장 큰 역할은 인재육성이다. 아래 직원을 미래 사회의 존경받는 사람으로 키워 줘야 한다.

어떻게 아래 직원을 이끌 것인가?

첫째, 꿈을 주는 상사가 되어야 한다. 아래 직원에게 꿈을 갖게 해야 한다. 1년에 한 번이라도 그 꿈에 관한 이야기를 나눠야 한다. 의외로 꿈이 없는 직원이 많다. 40이 지난 관리자라면 스스로 되물어봐라. 꿈이 있는가를…. 당신의 소중한 직원에게 부끄럽지 않은 인생의 방향과 과제를 지원해줘야 한다.

둘째, 직원을 제대로 가르쳐야 한다. 때로는 칭찬을, 때로는 질책을 함으로써 일 잘하는 직원으로 만들어야 한다. 언젠가 누구에게 일을 배웠느냐고 질문할 때, 스스럼없이 내 첫 상사인 홍길동 팀장에게 업무를 배웠다고 이야기하게 해야 한다.

셋째, 이곳에 머무를수록 정체되지 않고 성장한다고 느끼도록 이끌어야 한다. 성장은 업무를 통해서가 70%, 상사의 지도에 의해서가 20%, 나머지 10%는 교육을 통해 이루어진다고 생각한다. 상사는 업무를 통해 혹독하게 직원을 성장시키고, 중간 중간 코칭을 통해서 옳은 길로 가고 있는지, 적절한 생각을 하고 있는지, 갈등은 없는지를 점검하고 경험을 나누어야 한다.

넷째, 상사를 만나 함께 생활한 것이 행운이라고 느끼게 해줘야 한다. 우리는 모두 어느 순간에 일을 중심으로 만나고 헤어진다. 우리가 정말 일만 하는 존재라면 기계와 다를 게 없고 왠지 슬퍼지지 않는가? 리더라면 직원들에게 가슴 깊이 정을 심어주어야 한다. 어렵고 힘든 순간이 많다. 그러나 부단히 노력해야 한다. 진정성을 갖고 직원이 성장하길 바라는 마음이 있어야 한다. 때로는 집단으로 때로는 개별적으로….

20년 후를 생각하며 직원의 성장을 도와주는 리더가 진정한 리더이다.

인생 90세를 기준으로 보면, 회사에서 직원과의 만남은 길면 3년이다. 3년 안에 그들을 성공의 길로 이끌어야 한다. 은퇴하여 어느 길에서 후배를 만났을 때, 그들이 옆길로 가게 해서는 안 된다. 저 멀리서 나를 보고 달려와 안부를 묻고 소주 한잔 마시자며 이야기하도록 해야 한다. 나아가 그립다고 찾아오면 더 기쁘지 아니하겠는가?

직원의 마음을 관리한다

    팀원으로 있을 때는 우수한 인력이었던 사람이 조직장이 되었을 때 가장 힘들어하는 일은 팀원 시절 함께 일했던 동료와 다른 관계로 일해야 한다는 점이다.

    팀원 시절에는 본인의 역량이 매우 중요했다. 지시된 일을 기대 이상으로 처리하는 능력을 발휘했고, 선행관리를 하여 혼자 힘으로 성과를 올리는 일이 가능했다. 그러나 리더가 되면 혼자가 아닌 팀 전체가 함께 일을 해야 한다. 일의 방향과 전략을 세우고, 전체 조직의 입장에서 통합적으로 일을 바라보며, 구성원 전체가 하나가 되어 추진하도록 동기를 부여해야 한다. 혼자서 일을 해서는 안 된다. 함께 하는 것이다. 나 혼자 하면 더 빠르게 할 수 있다는 생각으로 일을 해서는 안 된다. 만약 혼자 일을 하게 될 경우, 구성원은 성장하지 못하며, 팀의 의미를 찾지 못하게 된다.

구성원의 마음을 사로잡는 방법은 무엇일까?

첫째, 구성원의 비전과 꿈에 관심을 가지고 성장시켜주는 리더라야 한다. 모든 구성원은 정체되기보다는 성장하기를 원하고 있고, 자신의 미래에 관해 관심을 보이며 조언을 해주기를 원한다. 비전과 꿈에 대한 보다 구체적인 제시를 해줘야 한다. 목표를 이룰 수 있는 조건, 시기별 점검 등을 알려주어야 한다. 예를 들어, 몸무게를 줄이겠다는 직원의 몸무게가 80kg이라면 70kg까지 감량하는 것을 목표로 세우고, 한 달에 1kg씩 줄이기 위해 매일 30분씩 뛰며 음식을 반만 먹으라고 조언해주면 구체적일 것이다. 이를 주 단위로 체크하라고 하면 금상첨화다.

둘째, 현재 하는 일에 대한 자부심과 몰입을 높여주어야 한다. 내가 하는 일을 자랑스러워하고, 기대 이상의 성과를 내기 위해서 자발적으로 일을 할 수 있도록 해줘야 한다. 매일 아침 회의를 하면서 일을 재촉하지 말고 자발적으로 맡은 바를 성취해나가도록 인정하고 격려해주어야 한다. 일을 어떻게 하라고 지시하는 것보다는 일의 의미를 부여해야 한다.

셋째, 함께하는 사람들과 정을 나누게 해야 한다. 하루 중 가장 많은 시간을 동료들과 보내는 만큼 그들과의 관계가 즐거워야 한다. 직장생활에서 매우 힘든 것은 사람과의 불편한 관계이다. 함께 근무한다는 것 자체가 기뻐야 한다. 이를 위해 사무실 분위기를 즐겁게 만드는 것은 물론 동료라는 인식을 심어주어야 한다. 생각해 봐라. 오늘 내 생일인데, 그 누구도 축하해주는 이 없고, 점심시간에 함께 식사하러 가자는 사람도 없고, 한마디 안 하고 다 퇴근하는 직장이라면 출근하고 싶겠는가? 회사 생활을 할수록 정이 들도록 이끌어야 한다.

리더가 되면 이런 생각을 한다. "내가 팀원일 때 내 상사가 했던 것보다 더 많이 배려하고 조언하며 노력하는데, 왜 구성원은 갈수록 냉담해지고 분위기가 이렇게 안 좋을까?"

리더는 자신만을 생각하는 사람이 아니다. 구성원의 입장에서 한 번 더 생각하고, 성과를 올리기 위해 항상 노력하고 고민하는 사람이다. 자신만을 생각하는 사람은 결코 구성원의 마음속에 담길 수 없다. 어느 보험 회사 70여 개의 지사 중 1등 매출을 달성한 지사의 지점장은 이렇게 이야기했다. "맨 꼴찌 지점에 와서 답답함을 느꼈는데, 한 사람 한 사람마다 왜 우리가 업무를 잘해야 하는가를 알려주고, 개인들에게 꿈을 키워주고, 재미있게 분위기를 가져가니까 1년 만에 1등 지사가 되었다." 나 개인이 아닌 우리가 함께해야 한다.

직원을 배려한다

1999년 20세기 최고의 스포츠 지도자를 뽑는 설문에서, '감독 중의 감독, Forever Coach'로 존 우든 감독이 선정되었다. 그는 선수와 감독으로서 남들이 그토록 희망하는 명예의 전당에 등재되어 있다. 그는 28년간 대학 농구팀 감독을 역임하면서 UCLA 농구팀을 NCAA 결승에 12회 진출하게 했다. 미 스포츠계 유일한 메이저 대회 10회 우승기록, 88연승, 4번 정규시즌 30승 무패 기록 등 그의 성취만을 보면, 그의 팀이 초등학생들과 경기를 했는가 하는 인상을 준다.

존 우든 감독의 생활철학은 "하루하루를 내 생애에서 최고의 날이 되게 하라."이다. 그는 그 자신을 너무나 사랑한 사람이며, 매 순간에 최선을 다한 사람이다. 인도 속담에

"남편은 아내를 하루에 3번 칭찬하라."라는 말이 있다. 그만큼 관심을 보여주라는 이야기이다. 존 우든 감독이 선수에 대해 보이는 관심은 그 누구도 따라 하기 어려울 정도이다. 한 번은 시작과 동시에 공이 아웃 되자 존 우든 감독이 주심에게 타임을 요청하였다.

시작한 지 30초도 되지 않았기 때문에 모든 선수가 당황한 낯빛으로 자신의 코트로 향할 때, 존 우든 감독은 뛰어나와 무릎을 꿇어 한 선수의 신발 끈을 조여주었다. 신발 끈이 풀어진 것도 아니고 단순히 덜 조여진 것인데, 존 우든 감독은 그것을 보았고, 바로 타임을 요청한 것이다. 선수들의 사기는 하늘로 치솟았다. 이를 바라보는 상대 선수들의 모습을 상상해봐라. 이 경기의 결과는 이 타임의 순간에 결정된 것이다. 존 우든 감독의 평소 원칙은 리더에게 깨달음을 주는 바가 많다.

① 상대를 존중하되 두려워하지 마라. 어느 나라, 어느 조직에도 뛰어난 사람이 있기 마련이다. 그 뛰어남에 대한 두려움으로 움츠린다면, 그동안 준비한 역량을 발휘도 못하고 주눅이 들어 시합을 망치게 된다.

② 아주 작은 일부터 시작하라. 큰일을 추구하며 사소한

일을 경시하는 사람이 있다. 거대한 댐이 조그만 구멍으로 붕괴되듯이 리더는 한 단계 한 단계 일을 쌓아 가는 사람이다.

③ 명성보다는 인성이 중요하다. 존 우든 감독은 선수들에게 인성의 소중함을 강조했다. 턱수염을 기르지 말라는 지시에 불만을 토로하는 선수에게 "우리는 너를 뛰어난 선수로 기억하겠다. 그동안 수고했다." 하며 팀에서의 방출을 이야기했고, 그 선수는 크게 잘못을 인정하고 팀에 잔류하였다.

④ 실수는 해도 실패는 하지 않는다. 하나의 실수가 일을 실패로 이끌 수 있다. 실수를 묵인하거나 거듭된 실수를 하거나 실수 후의 조치를 하지 않을 때 사건이 발생한다. 아무리 큰 실수라 하더라도 신속하게 처리하고 최선을 다해 노력한다면 처음으로 가기 어렵다 할지라도 실패는 하지 않는다. 설령 실패했다 하더라도 조치의 과정에서 죄의식이 사라질 수 있다.

⑤ 신속하되 서두르지 않는다. 행동은 빠르고 사고는 냉정해야 한다. 급히 서두르다가 일을 망친 경험이 많다. 모든 사람들이 서두르다가 서류의 수치 오류로 곤욕을 당한 경험이 있을 것이다. Proactive하게 일을 처리하지만, 냉정해야 한다.

⑥ 열심히 행운을 부른다.

물론 행운만을 바라고 살 수는 없다. 하지만 노력을 다한 후의 나머지 결과는 행운에 달린 경우가 많다. 행운을 불러라. 평소에 지닌 긍정적인 생각과 말과 행동이 결정적인 순간에 행운으로 더해져 경기 결과를 결정하는 경우도 많이 보게 된다. 존 우든 감독도 그의 『인생 코칭』에서 노력을 다한 후의 '행운 부르기'에 대해서 강조하고 있다.

⑦ 자신을 먼저 안다. 존 우든 감독이 위대한 이유는 생활철학을 몸소 실천했다는 점이다. 인생 40이 되어 가장 어려운 일은 자신을 아는 것이다.

⑧ 준비에 실패하는 것은 실패를 준비하는 것이다.

우리 모두가 존 우든 감독이 될 수는 없다. 그러나 그의 관심과 배려는 인간관계에 있어 리더가 본받아야 할 중요한 좌우명이다. 내 마음 속에 간직된 직원도 중요하지만, 그 직원들 한 명 한 명의 마음속에 간직되어 있는 것이 더 중요하다.

열정을 불러일으킨다

GE코리아 이채욱 사장의 『Passion』이란 책을 보면, 싱가포르에서 열린 환송회에서 한 사람씩 돌아가며 서로와의 만남을 이야기함으로써, 사람들 마음속에 깊은 인상이 남았다고 한다. 일에 있어 그는 "누구에게나 기꺼이 배울 수 있는 자세와 용기가 조직에 흘러넘치도록 해야 한다."면서, "배울 수 있는 기회를 놓치는 것은 매우 부끄러운 일이다."라고 강조한다. 그는 "나는 조직에 영향을 줄 수 있는 사람인가?", "나는 누군가의 멘토가 될 수 있는가?", "자신의 책임을 남에게 떠맡기지 않는가?", "나 때문에 유능한 인재가 떠날 가능성은?"을 고민하며, "리더는 최고의 사람들을 존중하고, 그들 말에 귀를 기울이며, 그들을 적재적소에 데려다 주는 사람"이라고 말하고 있다.

구성원들이 가장 좋아하는 리더의 모습은 무엇일까?

자신을 성장시키는 리더, 비전을 주며 그것을 달성하도록 이끄는 리더, 전문성이 높아 배울 점이 많은 리더, 열정적으로 일을 추진하며 항상 동기부여 시키는 리더, 네트워크가 넓어 못 하는 것이 없는 리더라고 이야기한다. 30여 년 직장생활을 하면서 영향을 많이 준 상사는 인간미가 뛰어나고 항상 칭찬과 인정을 해주는 상사보다, 더 성장하도록 질책하고 자신의 열정을 구성원과 함께 나누며 성과를 높인 상사였다.

영향력 있는 리더를 보면, 무엇이 그들의 열정과 왕성한 에너지를 만들어 내게 하는지 궁금하다. 리더의 에너지를 만들어내는 몇 가지 요인을 생각해 보았다.

첫째, 리더에게는 리더만의 철학이 있었다. 직업과 생활에 철학이 있었기에 일을 즐길 수 있었고, 항상 여유가 있어 행복했다.

둘째, 그들에게는 이루고 싶은 목표가 있었다. 삼성 비서실에 근무 시, 선배들은 경영자가 되고자 하는 강한 목표가 있었고, 매년 임원 발표 시에 그들의 이름은 빠지지 않았다.

셋째, 평소에 하고 싶은 일, 자신의 비전과 관련된 일을 하고 있었다. 일을 하는 것 자체가 즐겁다면 일에 더욱 몰입할 수 있고 그로 인한 성과는 클 수밖에 없다.

넷째, 높은 목표의 도전할 만한 가치가 있는 일을 스스로 찾아내고 있었다. 달성하고 싶은 욕구와 열정은 비례한다. 목표 자체가 마음을 뛰게 하고, 그것을 달성하였을 때의 구체적 모습이 그려진다면 자연스럽게 매달리게 된다.

아랫사람에게 열정을 심어주기는 어렵다. 그러나 열정을 심어 준 리더는 영원히 기억된다. 우리나라 경제를 돌아보면 그리 길지 않은 기간 동안 위대한 성장을 해왔음을 알 수 있다. 한 번도 하지 않은 일을 과감한 시도로 해낸 도전 사례를 갖고 있다. 밤낮 가리지 않고 일한 박태준 회장의 포항제철이 그렇고, 중동건설의 불씨를 심은 정주영 회장이 그렇고, 원자력 발전소를 건설하기로 결정한 김우중 회장, 반도체 신화에 토대가 된 이병철 회장이 바로 열정을 심어

주는 리더였다. 그 열정은 고스란히 이후 세대에 전달되어
오늘날의 대한민국이 존재하는 것이다.

핵심인재를 선발하고 유지·관리한다

핵심인재에 대한 논의는 80년대에 들어와 가열되어 왔다. 2000년대에 들어서는 HRM뿐만 아니라 HRD분야에서도 온통 핵심인재 육성이 주요 이슈가 되고 있다. 물론 핵심인재 1명이 조직의 성과에 많은 기여를 하는 것은 의심할 여지가 없다. 그러나 모든 조직이 핵심인재만으로 운영되는 것은 아니다. 80% 이상의 범용 인재를 어떻게 동기부여 시키고 성과를 창출하게 하느냐가 더 중요한 이슈가 되기도 한다. 20% 미만의 핵심인재 운영 제도를 가져가는데 있어 리더가 심각하게 고민할 사항은 다음 5가지이다.

첫째는 핵심인재의 정의이다.

기업의 역사와 업의 특성, 최고경영자의 철학과 구성원의 문화가 핵심인재가 필요함을 공감하고 이를 수용할 수 있어야 한다. 그러기 위해서는 우선 핵심인재에 대한 명확한 정의를 규명하고 커뮤니케이션을 해야 한다. 일상적인 업무가 주인 제조업에서 10%의 핵심인재를 가져가기로 결정하고, 고과만으로 선정했다면, 그 회사는 3년이 가지 않아 이 제도로 인해 큰 어려움을 겪을 것이다. 핵심인재의 정의는 제도의 틀보다는 사업의 본질과 회사의 문화 그리고 구성원의 호응을 고려하여 결정되어야 한다.

둘째는 핵심인재의 선발이다.
핵심인재는 외부 영입과 내부 육성으로 크게 나눌 수 있다. 회사가 몇 년 후 바람직한 모습으로 가기 위해 어떤 직무와 사람이 필요한지 명확하게 파악해야 한다. 그 이후, 이 직무를 담당할 사람이 현재 내부에 있는지 살펴야 한다. 있다면 당연히 육성하면 되고, 없다면 언제까지 어느 직무에 몇명을 영입할 것인가 계획을 세워야 한다.

셋째는 유지관리이다.
가장 어려운 이슈이다. 핵심인재에게 권위와 영향력 있는 경영자를 멘토로 선정하여 조언하고 지원해 주어야 한다. 금전적/비금전적 보상은 물론이며, Work&Life

Balance에 맞도록 사무 환경에 세심한 배려를 해주는 시스템을 마련해야 한다.

넷째는 성과관리이다.

핵심인재가 주어진 기간에 최대한의 성과를 내기 위해서는 회사 우수한 인재를 Pair로 엮어 주며, 성취감을 느낄 수 있는 도전과제를 줌으로써 좀 더 적극적인 성과관리를 추진해야 한다. 핵심인재의 경우, 처음에는 보상으로 입사를 결정하지만, 일단 일을 하게 되면 보상보다는 자부심과 성취감을 느낄 수 있는 과제를 더 선호한다.

다섯째는 보통 인재들에 대한 마음관리이다.

우리나라는 배가 고픈 것은 참을 수 있어도 배가 아픈 것은 참지 못한다고 한다. 똑같은 학교 출신이며, 나이도 나보다 그리 높지 않거나 어린데 자신보다 상사이거나 엄청난 차이의 급여를 받으면 지원하려는 생각보다는 두고 보자는 부정적 태도가 형성된다. 이래서 리더의 보이지 않는 마음가짐이 중요하다.

회사 내 핵심인재 제도를 도입하면서 가장 어려웠던 일은 각 본부마다 핵심인재에 대한 개념이 다르다는 점이었다. 경영층이 생각하는 핵심인재에 대한 마인드가 판이하게 달랐다. 핵심인재에 대한 선발과 유지관리는 쉽지 않다. 별도 전문가 제도가 없는 회사의 경우, 핵심인재가 자신의 자리를 차지할 것이라는 막연한 두려움도 있을 것이다.

그러나 진정한 리더라면 후계자를 육성할 책임이 있다. 올바른 가치관과 높은 역량을 보유하고 있는 인재를 찾아, 보다 높은 단계로 끌어올려 주어야만 한다. 이를 위해 구성원들에게 분명한 평가의 틀을 제시해야 한다. 핵심인재를 관리하지 않는다면, 결국 조직 내 뛰어난 인재가 모두 떠나거나, 있어도 제 능력을 발휘하지 못하고 구석에서 불평불만을 하는 저성과자로 남게 된다. 리더의 잘못이다.

일을 통해 육성한다

나는 일을 통해 지속적으로 성장하고 있다?

조직역량 서베이에서 이 질문 항목에 어느 정도의 긍정 응답률이 나올까? 그리 높지는 않을 것이다. 우리나라의 경우 직무에 대한 만족도가 낮은데, 명확한 직무 구분이 되어 있지 않고, 노동시장에서 직무가치를 인정받기 어렵기 때문이다.

입사하여 인사 업무를 담당했는데, 어느 날은 승진자를 교육시키라는 지시가 있고, 다른 날에는 채용업무를 해라, 어디 영업파견 나가라는 명령을 듣는 건 물론, 한순간에 구매업무를 하게 되는 등등 하여 직무 전문성이 낮다. 경영층이 되기 위해서는 다양한 직무를 경험해야 한다며 General Manager를 육성하다 보니, 직무를 통한 전문가

육성은 소홀히 한다.

구성원은 어떻게 육성 되어야 할까? 일을 통한 육성이 있고, 그 외에 상사의 코칭이나 멘토링에 의한 육성도 있다. 일을 통해 고민하고 연구해서 자연스럽게 역량이 성장할 수도 있을 것이다.

일을 통해 어떻게 육성해야 하는가? 리더가 갖고 있는 공통의 고민이다.

어느 리더는 숨이 찰 정도로 많은 일을 부여한다. 매일 밤늦게까지 일을 해도 끝나지 않는다. 물론 많은 일을 하다 보면 자연 익숙해지고 방법이 개선되어 쉬워질 수도 있지만, 몸이 견디지 못한다. 결국은 주저앉게 된다. 게다가 일이 많다 보면 그 일의 양 때문에 깊은 생각을 하지 못하고 일 처리에만 매달리게 된다. 경영자가 되기 위한 선견과 통합의 역량을 쌓는 것에서 너무나 멀리 벗어나게 된다.

너무 도전적인 업무를 주는 경우도 있다. "너는 분명 이 일을 할 수 있을 거야." 하며 매우 높은 수준의 업무를 부여했을 때, 구성원의 힘들어하는 모습을 보았는가? 초등학생에게 대학생 과제를 주며 언제까지 해결해오라고 하면 해올 수 있는 초등학생이 몇 명이 되겠는가?

리더는 일의 목표제시와 함께 그 일을 왜 해야 하며, 기대 수준은 무엇이며, 어떻게 하는 것이 가장 효과적인가를 구체적이고 체계적으로 알려 주며 일을 하도록 해야 한다. 나아가 일을 하면서 구성원이 부족한 점은 고민하고 개선하도록 적당한 수준의 도전 과제를 단계별로 제시해야 한다.

도움이 필요 없이 완벽하게 일을 처리하는 구성원에게는 한 단계 높은 수준의 일을 부여해야 한다. 사람들은 성과에 대한 차별성이 크지 않으면 누구나 쉽고 편한 일을 추구하게 된다. 한 단계 높은 일을 부여함으로써 자부심과 성취감을 느끼게 해 줘야 한다. 회사의 성과를 더 높게 올리기 위해 자발적으로 늦은 시간까지 업무에 매달리도록 만들어야 한다. 이를 위해서 리더는 끊임없는 관심을 주며 일의 방향과 목표 설정, 그리고 구성원의 Career Path에 대한 심도 있는 대화를 통해 지속적으로 동기부여를 시켜주어야 한다.

칭찬과 인정,
질책과 조언을 한다

"칭찬은 고래도 춤을 추게 한다."

리더라면 당연 조직의 구성원이 뭔가 잘한 일이 있으면 칭찬을 하게 된다. 사람은 자기가 한 일에 대해 인정을 받으려는 본능이 있기 때문에 자신을 칭찬해 주는 사람에게 좀 더 마음이 가는 것은 당연하다. 아무리 겸손한 사람이라 할지라도 칭찬을 들으면 기쁠 것이다. 그러나 칭찬만 잘한다고 그 리더를 위해 자신의 인생을 바쳐 일하려 할까?

어떻게 칭찬하느냐에 따라 달라질 것이다. 구성원이 잘하는 점에 대해 입으로의 칭찬이 아닌 마음에서 우러나는 칭찬을 해야 한다. 마음속에서 우러나는 칭찬은 가슴을 뛰게 하고, 뭔가 더 해야겠다는 의지를 갖게 한다. 이때야말로 진심으로 따르려는 마음이 생긴다.

반대로 질책이 없이 칭찬만 이어진다면, 조직의 구성원
은 성장할 수 있을까?

리더는 사람을 다스리는 법을 알아야 한다. 일의 성과보
다는 착한 사람이 되는 것을 더 중요하게 생각하는 리더는
자신만이 아니라 자신이 이끄는 사람들의 미래까지 망치
게 된다. 인간관계는 자신의 업무를 보다 부드럽게 수행하
도록 윤활유 역할을 하는 것이지, 친한 관계 형성 그 자체
가 중시되어서는 안 된다. 회사 생활을 하면서 일을 하러
온 사람인지 친목모임을 하러 온 사람인지 구별이 가지 않
는 경우를 본다. 인간관계가 회사생활의 우선이 되면 곤란
하다. 착한 사람이 되려는 사람들은 조화를 생각하고, 관
계 맺는 것을 좋아한다. 그러나 회사의 상황이 좋지 못해
구조조정 등의 결단을 내리거나, 잘못한 것에 대해 질책을
할 경우 결정을 하지 못한다.

실수를 하지 않는 사람은 없다. 실수를 했을 때, 리더가
어떠한 행동을 취했느냐에 따라 성장이 달라진다. 공식적
으로 꾸짖는 리더가 있다. 실수한 직원은 고개를 들지도

못하고, 온 사무실이 떠나가도록 큰 소리를 지르며 혼내는 그 상사의 말 한마디는 "다음에 저런 실수를 해서는 안 되겠다."싶게 조직에 경종을 울리는 효과는 있지만, 리더를 두려워하게 하여 경직된 분위기를 자아내기도 한다. 중요한 것은 질책 후 구성원으로부터 신뢰를 받느냐, 혹은 그렇지 못하느냐는 점이다.

칭찬과 질책 중에 무엇이 더 어려운가?

한 임원을 질책하는 한 CEO의 이야기를 들은 적이 있다. 그 임원은 부하 직원과의 갈등으로 인해 1년에 단 한 번도 식사를 함께해 본 적이 없다고 하였다. CEO는 그 임원을 호되게 나무라면서 "내가 당신에 대해 좋은 감정을 갖고 있기 때문에 지금 혼내는 것이다. 만약 내가 좋은 감정이 없거나 당신이 성장할 가능성이 없다고 판단했다면, 나는 당신에게 단 1초도 시간을 주지 않았을 것이다. 부하직원이 싫으면 임원인 당신이 조치해야 하는 것이 역할이다."라고 말했다. 칭찬은 누구에게나 할 수 있지만, 질책은 내가 시간을 내어 질책할 사람에게만 한하는 것이다.

어떻게 칭찬하고 질책할 것인가?

흔히 칭찬은 많은 사람 앞에서 널리 하고, 질책은 개인적으로 불러 조용히 하라고 한다. 물론 둘 다 즉시, 구체적 행동에 초점을 두고 가능한 길지 않게 하라고 한다. 그러나 칭찬과 질책도 상황에 따라 달리 해야 한다고 생각한다. 때로는 조용히 불러 두 손을 잡고 정 깊게 칭찬을 함으로써 신뢰도를 높이고 "진정 이 사람은 나를 위해 주고 있구나." 하는 마음을 전할 수 있다. 반대로 많은 사람 앞에서 한 사람을 크게 질책하고 후에 따로 불러 위로해 줌으로써 마음을 사로잡을 수도 있다. 가장 위대한 칭찬과 질책은 나를 믿고 따르게 하는 것이다.

구성원이 성과를 만들어 내도록
지원한다

일을 하다 보면 시간과 노력의 낭비가 많은 경우가 있다. 불필요한 문서 작업, 비생산적인 회의, 불명확한 업무지시 등 모두가 아랫사람의 입장을 배려하지 않고 윗사람 입장에서만 일을 추진한 결과이다. 아랫사람 입장에서 보면 상사의 말 한마디가 과중한 업무가 된다. 상사 입장에서 보면 쉬운 일이지만, 일의 배경과 기대효과 및 처리방법을 충분히 모르는 아랫사람은 일을 수행하는 데 수많은 스트레스를 겪게 된다.

기업은 결국 사람으로 이루어진 조직으로 사람이 가장 중요하다. 구성원에게 많은 것을 주려고 노력하는 리더는 그 자신도 그 이상의 것을 받게 된다. 최고의 금전적 성과는 금전과는 전혀 무관한 작은 동기부여에서 시작되고, 구성원들을 위해 올바른 길을 걷는 리더는 결국 자기 인생을 훌륭하게 완성한다. 이것이 경영이다. 대부분 초일류 기업의 특징을 보면, 리더가 구성원들이 성과를 만들어 내도록 돕고, 이를 한데 모아 고성장 기업으로 만들어 간다.

어떻게 구성원의 성과를 높이도록 지원할 것인가?

첫째, 구성원들에게 "회사가 나에게 무엇을 기대하는지 알고 있다."를 인식시키는 것이다. 회사가 기대하는 것을 알고 일하는 것과 내가 하고 있는 일이 회사에 어떤 도움이 되는지 모르고 일하는 것은 큰 차이가 있다. 설문을 하면 90% 이상이 나는 회사에서 나에게 기대하는 것을 알고 있다고 한다. 그러나 "직무의 본질 또는 그 일을 통해 얻고자 하는 것이 무엇이냐?"고 물어 보면 묵묵부답이다. 내가 하고 있는 일이 무엇이며, 어떻게 수행해야 성과가 나는가를 알려 주고, 그 일이 다른 사람들의 일과 연관되어 있다는 점을 분명히 해 주어야 한다.

둘째, 구성원을 적시, 적소에 배치하여 능력을 펼칠 기회를 주어야 한다. 자신이 좋아하는 일을 하도록 가능한 직무를 조정해 주고 한 단계 높은 업무를 부여해 가는 것이다.

셋째, 업무 성과에 대해 관심을 갖고 주기적으로 피드백을 해 주어야 한다. 어느 조사에서 "능력을 펼칠 기회가 있다." 항목을 선택한 상위 25%에 속하는 조직의 수익성이 하위 25%의 조직보다 평균 15%나 높게 나왔다. 잘한 구성원에게는 친필로 글을 써서 그 구성원이 가장 좋아하는 사람에게 보내는 것도 한 방법이다.

넷째, "내 뒤에서 나를 성장시키는 사람이 있다."는 것을 믿게 만드는 것이다. 직원의 성장을 위해 멘토를 지정해 주거나, 인생 설계자의 상담을 받게 해주면, 그 직원은 더욱 고민하고 업무 중 부딪히는 문제에 대해서도 새로운 대안을 제시하게 될 것이다.

다섯째, "구성원이 담당자로서 의사결정 권한을 갖고 있도록 만드는 것이다." 내 의견이 경영에 반영되며, 내 일은 내가 주도적으로 처리한다는 생각을 갖고 일하는 구성원의 성과는 당연히 높다.

여섯째, 팀워크다. 뛰어난 한 사람이 계속 성과를 내는 것은 불가능하다. 그렇기에 팀원 모두가 보다 높은 성과를 내기 위해 최선을 다하도록 팀의 원칙이나 구호 등을 만들어 공유해 나가는 것이다.

구성원이 '지난 1년간 이곳에 있으면서 정체되지 않고 성장되었다.'고 느끼며, "단 한 번도 이직을 고려하지 않았다."라고 자랑스럽게 이야기하도록 구성원의 성과를 지원해야 한다.

자리에 맞는
인재를 육성한다

GS칼텍스 허동수 회장이 강조하는 인재상은 3R이다.
"Right People, Right Time, Right Place."

좋은 인재를 선발하기 위해 각 대학 및 여러 인맥을 통해 사람을 추천받고, 직접 모든 신입사원을 면접한다. 적시적소 배치를 위해 현업중심의 인사 원칙을 천명하고, 인사부서와 현업과의 Co-work을 강조하고 있다. 이러한 노력을 하는 이유는 단 하나이다. 그것이 회사가 성장하는 길이며, 조직이 설정한 목적을 달성하는 길이기 때문이다.

첫째, 회사에 맞는 인재를 선발해야 한다.

최고의 인재를 찾기 위하여 인사부서의 구성원이 모집공고를 하고, 대학을 순방하고, 선배들의 추천도 받는다. 쌍

둥이 빌딩 폭발 이후 미국의 전 항공사가 구조조정을 해야 하는 극심한 불황의 시기에도 구조조정을 하지 않고, 미국에서 가장 일하고 싶은 회사 100대 기업 안에 들어 있는 사우스웨스트항공의 채용방법은 독특하다. 일반 기업이 채용기준으로 중시하는 학력, 기술, 출신보다는 함께할 수 있는가를 보는 태도를 중시한다. 이 회사는 '나'보다는 '우리'를 강조한다. 면담 중에 나를 강조하는 사람은 합격하기 어렵다고 한다. 면접관을 정문에 배치하여 협조성이 있는가를 관찰한다. 직원들에게 채용추천카드를 주어 친절한 사람을 보면 추천할 수 있도록 제도를 지키고 있다. 회사의 특성과 문화에 맞는 인재를 선발하려는 노력이다.

둘째, 선발된 인재를 적소에 배치하는 노력이다.

회사 서베이를 하면, 어렵게 사람을 선발하고는 적성에 맞지 않는 부서에 배치함으로써 성격장애가 생기거나 성장기회와 경력관리의 불협화음을 낳아 결국 회사를 떠나게 하는 경우를 보게 된다. 직무제도가 정착되지 않은 우리나라 기업의 경우, 관리/생산/마케팅 직군 또는 인사, 재무 직종 등으로 직원을 채용하다 보니 세부 직무에 대해서는 본인에게 맞지 않는 일이 주어질 때가 있다. 물론 자신이 어느 직무를 하더라도 잘해내는 사람이 있다. 법무에서 직인을 찍어 주는 담당자에게 직인 그 자체만을 찍어 주는 것은 어려운 일이 아니지만, 직인의 중요성과 영향력을 고려하여 서류를 꼼꼼히 분석한 후 직인을 주는 담당자와 내용을 대충 보고 찍어 주는 담당자의 차이에 의한 결과는 3년 이내에 크게 달라진다. 3년 동안 계약서의 내용과 처리부서 및 담당자를 숙지하여 회사 직무를 꼼꼼히 챙긴 담당자는 성장할 수밖에 없다.

각 조직마다 직무에 대한 분석이 잘 정비되어 있고, 선발된 신입사원의 성격을 감안해서 조직에 배치해야 한다. 더 나아가서는 직무분석에 의한 직무의 정의, 구성요소, 필요역량 그리고 자격조건을 구체적으로 명시하고, 이에 부합되는 사람을 선발하고 배치해야 한다.

셋째, 리더는 배치된 사람이 'onboarding' 할 수 있도록 사전 시스템을 체계적으로 갖추어 나가야 한다. 이때 가장 중요한 것이 바로 리더의 역할이다. 새로 들어온 사람이 기업의 문화, 구성원과 쉽게 화합할 수 있도록 멘토링과 함께 관심을 가져야 한다. 최선의 배치인가 파악하기 위해서는 구성원 만족도 조사도 의미가 있지만, 가능한 계층별

대화를 해 나가면서, 서서히 뛰어난 인재를 키워 나가는
것이다.

인맥관리에 능하다

리더의 역량 중 중요한 것이 바로 대인영향력이며, 이의 기본인 인맥은 30대에 기초를 다지고 40대에 열매를 맺으며, 50대에 수확을 한다는 생각으로 관리해 나가야 한다.

직장생활을 하면서 많은 인맥관리에 관한 책을 읽었지만, 삼성에서 대외협력 업무를 하면서 인맥의 정의, 선정기준, 내부 인력과의 매칭, 나아가 유지관리 및 성과관리 방법을 습득할 수 있었다. 업무를 하면서 느낀 인맥의 10대 원칙은 다음과 같다.

원칙 1: 자신이 일단 몸담았던 것은 무조건 조직화한다.

중·고교, 취미서클, 성당·교회, 어학연수, 교육동기 등 각종 모임의 사람들을 조직화하고, 가능하다면 총무를 맡아 연락을 전담하는 것이 좋다. 회장은 자리를 빛내는 존재이지만, 총무는 자리를 만들며 연락을 하니 자연 정보에 밝고, 친밀도와 영향력이 높게 된다.

원칙 2: 인맥관리의 기본은 차별화이다.

먼저 나와 어떤 관계인가를 A, B, C등급으로 나누어 본다. A등급은 밤 12시가 넘어도 언제든지 전화로 부탁할 수 있는 그룹이다. 부모 형제와 매우 친한 개인적 비밀을 공유하는 동료 또는 선배가 포함될 수 있다. B등급은 찾아가서 부탁을 해야 하는 수준이다. C등급은 예를 갖추고 정중하게 요청하고 반드시 후사를 해야 하는 수준이다. 인맥을 동일하게 보지 말고 차별하고, 이에 따른 적절한 관리가 필요하다.

원칙 3: 당당하게 접근하고 고마움에는 반드시 감사한다.

A급이 아닌 이상에는 나의 약점이 치명적일 때도 있다. 기자에게 기사가 나는 것을 막아야 할 때도 당당해야 한다. 약점을 보이면 더 기사화되는 경우가 많다. 그리고 뭔

가 감사한 일이 있으면 적게는 전화로, 크게는 직접 찾아가 감사를 표하라. 고마우면 고맙다고, 미안하면 미안하다고 큰 소리로 말해야 한다. 마음으로 고맙다고 생각하는 것은 인사가 아니다. 남이 당신 마음속까지 읽을 만큼 한가하지 않다.

원칙 4: 한직일 때 돕는다.

지금 힘이 없는 사람이라고 우습게 보면 안 된다. 인생은 길다. 나중에 우습게 본 그 사람이 영향력 있는 위치에 갔을 때, 어려움이 닥칠 수 있다.

원칙 5: 경사에는 전화를, 조사에는 사례를 꼭 하라.

부모를 잃은 사람은 이 세상에서 가장 가엾은 사람이다. 사람이 슬프면 조그만 일에도 예민해진다. 5만 원 아끼지 마라. 나중에 다 돌아온다.

원칙 6: 신의를 지켜라.

약속은 꼭 회답하라. 사소한 약속을 지키지 못해 귀중한 기회를 놓친 사람은 너무나 많다.

원칙 7: 내가 살아 있다는 것을 옛 친구들이 알게 하라.

끊임없이 접촉할 수 있는 계기가 중요하다. 새로운 네트워크를 만드느라 지금 가지고 있는 최고의 재산인 옛 친구들을 소홀히 하지 마라. 정말 힘들 때 누구에게 가서 울겠느냐?

원칙 8: 남을 험담하지 말고, 칭찬하라.

남의 험담을 하면 재미있을 수 있다. 그러나 그 대상이 본인의 상사이고, 다음 날 그대로 피드백 된다고 생각해 봐라. 험담하는 사람은 믿지 않는 법이다. 최선을 다해 칭찬해라.

원칙 9 : 평소에 잘해라.

지금 당신이 살고 있는 이 순간은 나중에 당신 인생의 가장 좋은 추억이다. 나중에 후회하지 않으려면 마음껏 즐겨라. 평소에 쌓아 둔 공덕은 위기 때 빛을 발한다.

원칙10: 회사 바깥 사람들도 많이 사귀어라.

자기 회사 사람들하고만 놀면 우물 안 개구리가 된다. 회사가 당신을 버리면 당신은 고아가 된다.

조직관리

조직의 비전과 역할을
내재화한다

1980년대 이전에는 "전략이 회사의 미래를 이끈다."가 경영인에게는 정설로 알려져 왔다. 미래의 바람직한 모습을 설정해 놓고, 현재와의 Gap을 계산한 후 중장기 전략을 통해 Road map을 그려 나갔다.

현재 초우량기업은 성공의 중심에 사람이 있고, 그 사람들을 이끄는 기업문화의 중요성을 이야기한다. 구성원의 무한한 에너지를 한곳으로 집약시킬 수 있다는 것은 대단한 일이다. GE의 4행동과 8가치, IBM의 10가치, 도요타의 5가치, 삼성의 5가치는 채용, 교육과 평가에 이르기까지 구성원을 하나로 이끌어 간다. 맥도날드의 Core Value는 "품질, 봉사, 청결, 가치"이다. 맥도날드에서 일한 사람들은 "청결함을 유지하는 일은 매우 중요하다. 할 일이 없어 쉬고 있던 적이 없다. 뭔가를 씻거나 닦고 있다."라고 이야기한다. 이것이 전 세계 맥도날드를 평가하는 기준이 된다.

비전, 역할의 수립과 추진은 중요하다.

어느 회사의 비전은 "업계 최고가 되자."이다. 구성원들이 일을 함에 있어 업계 최고가 되어 회사 및 개인의 가치를 높이고 지속성장을 이루자는 차원에서 제정되었다. 업계 최고가 되기 위해 현재 최고 수준의 회사와의 차이를 분석하고, 전략을 수립하여 단계별 추진계획을 세웠다고 하자. 이를 추진하기 위해 회사는 공유 운동을 벌이고, 추진을 점검하는 시스템을 개발하며, 경영진부터 달성하기 위해 솔선수범하였다면 미래의 모습은 어떻게 변화될까?

우선 비전이 없는 기업과 비교하여 목표가 생긴 것이다. 목표 그 자체가 갖는 중요성을 모르는 사람은 없을 것이다. 구성원에게 목표를 달성하겠다는 불씨를 심어 주었기에 모르긴 해도 이 회사는 업계 최고의 수준이 되었거나, 다가서고 있을 것이다. 반대의 경우를 생각해 보자. 회사가 "업계 최고가 되자."라는 비전을 정해 놓고, 구성원들에게만 강요하고, 경영자는 나 몰라라 방치한다면, 이 회사의 모습은 어떻게 되겠는가? 불신만 더욱 쌓일 것이다.

어떻게 비전과 역할을 실천하게 만들 것인가?

대부분의 회사는 윗사람이 비전과 역할을 만들어 액자에 넣어 층마다 붙여 놓고 구성원에게 강조한다. 어느 회사는 책자로 만들어 모든 교육에 포함하기도 하고, 어느 기업은 회의 때마다 외치게 한다. 하지만 그렇다고 구성원들이 회사의 비전을 가슴에 담았다고 볼 수는 없다. 진정한 내재화는 행하는 것이다.

구성원이 실제로 행동하게 하려면 "내가 무엇을 해야 하는가 목표를 세우는 것"만으로는 부족하다. 이 목표가 얼마나 중요한가를 이해시켜야 한다. 양이 아닌 질의 문제이다. 중요하다는 것을 어떻게 이해하게 할 것인가? 진정 가슴에서 받아들이기 위해서는 7번이 아닌 7번을 70번해도 부족하다. 보다 바람직한 행동이 나타날 때까지 이야기하고 또 이야기하고 설득하고 조언하고 이끌어야 한다. 한순간의 가슴 뭉클하게 하는 그 무엇이 구성원을 불타게 한다. 구성원이 교육과 강요에 의해 똑같은 대답을 할 수는 있다. 그러나 그들이 행하기 위해서는 그 일이 얼마나 중요한가를 알고, 감동을 받아야 한다.

머리가 굳은 리더는 조직 속에서 비전과 역할이 얼마나 중요한지 깨닫지 못한다. 엘리베이터 안에서 교육을 담당하는 직원에게 "당신의 역할이 무엇이냐?"고 물었을 때, "예, 제 역할은 우리 회사의 구성원이 회사에 근무하는 것이 자랑스럽고, 나날이 성장하고 있다고 이야기하도록 만드는 것입니다."라고 했다면, 그 회사의 교육은 살아 숨쉴 것이다.

리더는 비전, 역할이 얼마나 소중한가를 알고 실천하게 해야 한다.

핵심가치를 중심으로 조직문화를 이끈다

조직을 잘 이끄는 사람은 항상 구성원에게 공동의 가치를 심어 주며 실천하게 한다. 핵심가치는 경영자의 철학이며, 그 기업이 지속적으로 계승 발전해 온 관습이며 습관이다. 의사결정의 척도이기도 하지만, 행동을 하게 하는 결정 요소이기도 한다. '어떠한 경우에도 타 회사, 타인으로부터 선물이나 부적합한 물건을 받는 것은 안 된다'는 규칙이 있다면, 이 규칙은 지켜져야 하며, 만약 지키지 못한 사람은 엄벌을 받아야 한다. 중요한 것은 실천이다. 규칙이 책자 속에 있거나, 액자 속의 구호처럼 활용되지 않으면 아무 소용없다.

왜 핵심가치를 정해야 할까?

노동부에 근무하는 A 청장은 자신이 발령받은 도시의 공무원들의 모습에 충격을 받았다. 도무지 재미있게 일을 하고 있지 않은 것이다. A 청장은 수없이 많은 고민 후에 구성원 전체를 하나로 묶기 위해서는 뭔가 그들을 하나로 모으는 운동이 필요하다고 느꼈다.

A 청장이 시작한 것이 바로 '해라' 운동이었다. 뭐든지 일단 해 놓고 이야기하자는 내용이었다. 아무 것도 아닌 듯한 이 운동은 커다란 반응을 가져왔다. 일단 할 바에는 잘하자는 운동으로 이어졌고, 점차 칭찬이 이어지며 구성원 전체의 얼굴에 미소가 살아나게 되었다. 성과는 말할 필요가 없었다. 모든 조직장은 조직의 변화를 꿈꾼다. 그러나 조직을 실제 바꾼 조직장은 그리 많지 않다.

핵심가치 또는 원칙을 정하기만 하면 조직문화가 바뀔까?

한 회사는 회의가 너무 많고 상의하달 식의 회의 문화로 인하여 "회의가 너무 비생산적이다."는 구성원의 불만이 커 갔다. 경영층은 회의의 원칙을 정하고 액자로 만들어 각 층 회의실마다 붙여 놓고, 구성원의 수첩 첫 장은 회의 원칙으로 채웠다. 과연 이 회사의 회의 문화는 생산적으로 바뀌었을까? 원칙은 만들었지만, 실제로 지켜지지 않음을 구성원들이 하나 둘 보게 됨에 따라 무용지물이 되었다.

다른 회사가 있었다. 똑같이 비생산적인 회의 때문에 고민이 많았다. 경영자는 단 하나의 원칙을 만들었다. 30분 모래시계를 전 회의장에 나누어주고 30분이 되면 무조건 회의를 끝내는 것이었다. 본인이 먼저 실시했다. 당연 처음에는 30분 이내에 회의가 끝나지 않았다. 경영자는 바로 회의를 끝냈다. 참석자는 황당했을 것이다. 그러나 경영자의 변치 않는 실천으로 말미암아 모든 구성원이 30분 이내에 끝내기 위해 갖은 아이디어를 냈다. 조직문화는 이렇게 변하는 것이다.

핵심가치가 없는 조직보다는 핵심가치가 살아 있는 조직이 보다 성과가 높지 않겠는가?

보다 바람직한 조직관리를 이루고 싶다면, 핵심가치 중심으로 한 마음이 되어 한 방향으로 실천해야 한다.

리더는 조직 사업과 구성원의 특성 및 회사가 나아가야 할 방향을 고려하여 이에 맞는 자신만의 핵심가치를 만들어 조직문화를 이끌어 가야 한다.

평범한 사람이
비범한 성과를 창출하게 한다

초우량기업의 최우선 조건은 "사람들을 스스로 열심히 움직이게 하는 것"이다. 초우량기업들이 우수한 성과를 내는 것은 평범한 사람들을 움직여 탁월한 성과를 창출하기 때문이다. 평범한 사람들이 한순간에 탁월한 성과를 창출하지는 못한다. 성과를 창출하기 위해서는 분명 변화가 선행되어야 한다. 이 변화의 원동력이 바로 리더이다.

무엇이 그들에게 탁월한 성과를 이끌어 내게 하는가?
『불씨』라는 책이 있다. 일본 봉건시대, 한 사람의 제후가 본인을 변화시키고, 나아가 지역 사람들을 변화시켜 나가는 이야기를 다루고 있다.

"개혁은 반대자들이나 부패한 적대자들을 몰아내는 것만이 아니다. 그

것은 구성원들의 의식을 바꾸는 것이며 동시에 그들의 경제를 풍요롭게 하는 것이어야 한다."

    – (도몬 휴유지, 김철수 譯, 『불씨』2, 굿인포메이션, 2002.) 본문 中

무엇이 변화의 주체인가?

첫째, '인간존중과 경쟁'이다. 조직을 강하게 이끄는 힘은 우선 구성원 개인에 대한 존중에서 시작된다. 평범한 성과를 내는 사람들은 자신이 평범하다고 인정하지 않는다. 자신은 평범 이상이지만, "상사를 잘못 만나서", "지금 직무가 영향력이 적은 직무이기 때문에", "함께 일하는 사람들이 능력이 부족해서" 등등 여러 이유로 인해 평범한 수준에 머무르고 있다고 불만을 토로한다. 이들의 흥을 돋아 주어야 한다. 자율적으로 일을 하고자 하는 의욕을 심어 주어야 한다. 구성원에 대한 따뜻한 마음을 갖고 한 사람 한 사람 꿈을 키워 주고 일을 잘할 수 있도록 배려해 주어야 한다.

둘째는 상호 경쟁이다. 열정이 없는 구성원 한 명이 전체의 의욕을 저하시킨다. "저 사람 일을 왜 내가 해야 되나요?"라는 직원들의 요구에 조직장은 할 말을 잃게 된다.

상호 경쟁을 통해 공정하게 조직을 이끌어 가야 한다. 의욕이 없는 직원에게 시간을 투자하기보다는 정열을 다하는 구성원에게 더 많은 성과를 창출하도록 이끌어야 한다. 산을 오르는 것과 같은 이치이다. 못 오르는 사람을 앞에 세우면 전체가 쳐지게 된다. 조직 전체의 활력이 사라지게 되는 이치와 같다.

물론 인간존중과 상호경쟁만이 스스로 열심히 움직이게 하지는 못한다.

조직 관리의 기본은 사람관리이다. 리더가 지시나 명령을 내려 일을 하게 했던 시대는 이미 지났다. 구성원과 하나가 되어 스스로 움직이게 만들어야 한다. 자신의 지위나 권력을 내세우는 것이 아니라 상대에게 긍정적 변화가 일어나도록 영향력을 행사해야 한다. 사실 이는 말로는 하기는 쉽지만, 참으로 어려운 일이다.

생각해 보자. 자신의 구성원이 자신의 나쁜 점을 이야기하고 다니며, 심한 경우 험담 수준이 아닌 비방을 한다면, 당신은 그들을 존중하고 배려해 줄 수 있는가? 구성원과 하나가 된다는 것은 매우 힘든 일이다. 참고, 참고 또 참아

야 한다. 인간성과 설득력으로 구성원의 자신감을 불러일
으켜야 한다. 구성원들이 리더가 지시하는 일이라면 자신
에게 부여됨에 감사하고, 그 어떠한 상황에서도 달성해 내
겠다는 마음가짐을 갖게 해 주어야 한다.

이야기가 살아 숨쉬는
조직을 만든다

월요일이 기다려지는 회사, 출근이 기다려지는 회사가 있을까?

컨설팅 회사에 근무할 때의 일이다. 모든 회의가 월요일 아침에 있다 보니 일요일 저녁에 약속을 정하기가 무척 힘들고, 밤늦게까지 회의 자료 준비를 해야만 했다. 이런 일이 반복되면 컨설팅이라는 직무가 싫어질 수도 있다. 그러나 대부분의 컨설턴트는 일요일 저녁은 당연히 일하는 시간이라고 생각한다. 고객사에게 자신을 알리는 순간이며, 얼마나 잘하고 있는가를 평가받는 일이기 때문에, 일을 일이라고 생각하지 않는다. 월요일 자신의 능력을 발휘할 수 있는 기회를 살리겠다는 열정이 더 강하다.

무엇이 출근을 기다리게 할까?

먼저, 자신이 하는 일이 재미있어야 한다. 40대 직장인의 경우, 하루 12시간 가까이를 직장에서 일을 하면서 보내게 된다. 직무를 하며 보내는 시간이 인생의 50%라면, 그 시간이 힘들어서는 안 된다. 당연 즐거워야 한다. 일 그 자체에 만족해야만 즐길 수 있다. 일이 재미있기 위해서는 지시를 받는 것을 넘어 스스로 일을 만들고 그 일을 통해 성과를 창출해야 한다. 자신이 책임을 갖고 추진하는 일일 경우에 더욱 의욕이 생기고, 일에 몰입하게 된다.

둘째는 커뮤니케이션이다. 내 마음을 알아주는 상사가 있다면 출근이 기다려질 수 있다. 내가 하고자 하는 일을 인정해 주고, 적극적으로 지원해 주는 상사나 선배가 있다면 직장생활이 힘들지 않다. 내가 갈등을 느끼지 않고 언제든지 속내를 이야기할 수 있다면, 직장은 더 이상 일을 하기 위한 장소가 아닌 삶의 소중한 보금자리가 된다.

많은 회사가 커뮤니케이션을 활성화하기 위해 여러 가지 아이디어를 내지만, 번번이 실패한다. 성공하기 위해서는 진정으로 구성원들을 위하는 마음이 우선해야 한다. 구글처럼 직장에서 자신이 하고 싶은 일을 할 수 있도록 구성원 위주의 환경을 만들어 주어야 한다.

리더는 구성원들이 마음껏 자신의 꿈을 만들고 발산하도록 해야 한다.

구성원이 직장에 출근하는 것을 꺼려하는 이유는 여러 가지가 있다. 영혼 없는 인사로 시작하는 숨 막히는 분위기, 해도 해도 끝나지 않는 과중한 업무, 구성원의 등만 바라보는 대화 없는 사무실, 그리고 지시밖에 없는 회의 등이다. 그 가운데 상사와의 갈등은 부하가 떠나게 되는 가장 큰 이유이다. 리더가 구성원에게 꿈을 주지 못하고 일을 통한 성취를 느끼게 하지 못한다면, 구성원은 그저 급여를 받는 종 수준으로 전락되게 된다. 출근이 기다려지는 회사는 열린 커뮤니케이션을 통해 구성원 간에 마음이 통하고, 꿈과 미래에 대한 희망이 있고, 내 직무에 대한 자부심과 열정이 있어 재미와 보람을 느끼는 곳이다.

팀워크를 중시한다

운동경기를 보면 팀워크가 가장 돋보인다. 그날 최고로 기여한 선수의 인터뷰에서조차 "오늘 나에게 온 이 영광은 나를 이끌어 준 감독과 멋진 기회를 준 동료들 덕분입니다."라고 이야기한다. 절대 "내가 운이 좋아서", "저 아니면 안 됩니다." 식의 이야기는 하지 않는다.

한 선수가 뛰어난 경기를 보여주어도 팀워크를 해치는 행동을 한다면, 감독은 그를 바로 코트로 불러들여야 하며, 실제로 그렇게 한다. 슈퍼스타일수록 팀워크의 중요성을 더욱 중요시한다.

팀워크는 무엇으로 견고해지나?

모든 사람은 팀워크가 강화되기를 희망한다. "저 팀은 콩가루 집안이야. 언제 무너질지 모르겠어." 하며 남의 비웃음을 받았다면, 이미 팀으로서의 위상과 존재가치는 바닥이다. 빠른 시일 내에 재정비해야 한다. 우리 팀원이 타 팀에 가서 자신의 팀과 팀원에 대해 좋지 않은 이야기를 한다면, 팀의 원칙과 팀워크에 대해 심각하게 고민해야 한다. 나아가 팀원들이 웃음이 없고 시키는 일만 하며, 자신의 일이 아니면 쳐다보지도 않는다면 이 팀은 이미 팀이 아니다.

팀워크를 견고하게 하는 3가지 방법이 있다.

먼저 "우리 팀은 최고로 세련된 팀"이라는 자부심이다. 영화 'Bring it on'을 보면, 과거 5년 연속 우승을 해 왔음에도 예선전에서 탈락 위기에 처한 선수들이 선수들 사이의 갈등과 자신들의 경기에 대해 심한 실망을 하게 된다. 급기야 경기 포기의 상태에 이르자 주장은, "우리는 최고로 세련된 팀이며, 뭔가를 보여줄 수 있는데, 너희들은 포기하고 있다."며 팀의 모습을 제시한다.

1958년 뮌헨에서 비행기 사고로 선수 절반이 사망한 맨체스터 유나이티드의 성공비결은 팀워크다. 팀 전체가 아픔의 시련을 극복하여, 근성의 축구를 보여준다. 축구선수들이 꿈꾸는 드림팀이며 전 세계 가장 많은 팬을 확보한 축구 클럽인 이 맨유를 이끈 감독은 퍼거슨이다. 그는 "팀보다 더 위대한 선수는 없다."며 팀워크를 이끌어 갔다. 팀워크는 팀원 전체가 팀을 소중히 여기는 자부심에서 비롯되며, 리더가 갖고 있는 비전, 강력한 추진력, 그리고 특유의 친화력이 그 원동력이 되는 것 아닌가 생각한다.

팀워크를 강화하기 위하여 어떤 노력을 할 것인가?
팀워크는 쉽게 강화되지 않는다. 구성원 간의 신뢰가 기반이 되어야 하며, 서로를 인정해야 한다. 자신의 역할을 다하지 못하는 팀원 한 명만 있어도 팀워크는 쉽게 무너진다. 과거의 경영환경에서는 1~2명이 무임승차를 해도 문제가 되지 않았다. 그러나 지금은 뗏목을 타고 거친 급류를 헤쳐 나가는 상황이다. 자신의 일은 당연하고 옆 사람의 움직임도 살펴야 하며, 암초에 부딪치지 못하도록 항상 깨어 있어야 한다. 리더는 구성원들을 부단히 자극하는 사람이다. 구성원에게 비전과 무엇을 해야 하는가를 명확히 전달 하고, 잘할 수 있도록 관심을 갖고 지원해 줘야 한다. 팀워크를 강화하고, 장래 리더를 육성하기 위해 부단히 노력해야 한다.

후공정을
생각하게 한다

하버드 비즈니스 스쿨의 린다 힐 박사는 구성원들을 자발적으로 움직이게 하고, 스스로 협동하도록 만드는 리더십을 후방지원 리더십이라고 강조한다. 리더의 역할 중 하나는 구성원들이 스스로 동기부여를 하여 되어 자발적으로 일을 하도록 하는 것이다. 기러기들을 보면, 선두의 리더를 따라 수많은 무리가 줄지어 따라 날아간다. 서로 용기를 불어넣는 소리와 함께. 양치기도 마찬가지이다. 양떼를 몰기 위해서 가장 민첩한 양을 맨 앞에 내세워 나아가게 하면, 나머지 양들은 따라간다.

도요타 자동차를 견학하고 온 한 기업의 경영자는 "우리가 도요타를 따라잡을 수 없는 것은 물류시스템도 공정개선도 아닌 후공정을 생각하는 그들의 배려"라고 강조했다.

도요타 자동차는 후공정에서 일하는 사람들이 편하게 일을 할 수 있도록 배려해 준다는 것이다. 내 후임에게 편하게 일을 물려주기 위해 세 번 두드릴 것을 네 번, 다섯 번 두드리는, 모방할 수 없는 경쟁력이 도요타를 세계 자동차 시장에 우뚝 서게 했다.

어떻게 구성원이 자발적으로 후공정을 생각하는 배려를 갖고 일하게 할 것인가?

첫째, 회사가 나를 소중하게 생각하고 있다는 의식을 갖게 해야 한다. 지금까지 회사는 구성원에게 loyalty를 강조해 왔다. 설문에서도 얼마나 회사를 좋아하느냐? 직무에 대해 얼마나 만족하느냐? 직무 몰입의 수준은 어느 정도냐? 등에 관심을 가졌다. 이제는 회사가 많은 가치를 구성원에게 더 주기 위해 노력하는가? 평가를 위한 평가가 아닌 역량 강화를 위한 평가를 하고 있는가? 내가 이곳에서 인정받고 성장하고 있는가? 등을 점검해야 한다. 고객에게 최고의 만족을 주기 위해서는 구성원이 먼저 최고의 인재가 되어야 한다.

둘째, 본인의 목표는 본인이 수립하게 해야 한다. MBO 방식에 의해 조직장으로부터 부여받은 목표는 왠지 자신의 목표가 아니라는 수동적 이미지가 강하다. 본인이 목표 자체를 정하게 하는 것이 필요하다. 리더는 구성원이 보다 큰 비전과 목표를 수립할 수 있도록 지원을 해 주어야 한다.

셋째, 우리라는 의식을 배양시킨다. 최고의 인재가 모인 골드만 삭스의 모토는 "I가 아닌 We를 가장 소중하게"이다. 동료는 경쟁자가 아닌 자부심의 대상이며, 조직이 잘될 때 나도 잘된다는 의식을 의도적으로 심어 가는 것이다.

그런데 간혹 리더가 후방지원을 해주다 보면 '책임회피형 리더'라는 오해를 받을 수도 있다. 후방지원 리더십은 리더가 책임을 회피하려고 하기 보다는 구성원에게 책임감과 판단력을 보다 강조하는 활동이다. 리더는 필요한 피드백을 적시에 제공하고, 위기에 처했을 때에는 즉각적으로 지원하며, 항상 구성원 전체를 면밀히 모니터링하여 구성원에게 날개를 달아주는 역할을 담당한다.

청결한 조직을 만든다

구조본 경영, 공정한 인사, 일등성과주의, 시스템 경영, 비노조경영

어느 기업이 떠오르는가?

삼성의 조직관리 비결을 논할 때 거론되는 이야기이다. 이 모든 활동들이 삼성을 위대한 기업으로 만든 큰 힘이 되었다.

삼성인이라면 누구나 조직의 청결성을 제1의 가치로 선정하는 데 주저함이 없다. 매년 5%에 가까운 인력을 구조조정하면서도 노조가 결성되지 않는 기업의 비결이 바로 청결함이다.

경기도 용인 에버랜드 근처에는 삼성인의 영원한 보금자

리인 삼성인력개발원이 있다. 1957년 신입사원 공채와 입문교육을 실시했고, 그룹 연수원의 필요성에 의해 1982년 '호암관'을 개관했다.

당시 호암관을 설계하면서 고 이병철 회장은 "화장실 개수를 많이 만들라."고 지시했다고 한다. 10분의 휴식 중에 화장실이 없어 기다리다가 그 소중한 시간이 낭비되지 않도록 하는 배려의 마음이다. 이러한 마음은 구성원에게 전해진다. 그래서인지 호암관의 바닥은 시간이 갈수록 더욱 빛난다. 매일 청소하는 직원이 있어서가 아니다. 교육생들의 신발은 중학교, 고등학교 시절 신고 있었던 실내화였다. 주변 청소는 본인이 스스로 한다. 매일 5시 50분에 기상하여 6시에 운동장에 집합하는데, 나올 때 침구정돈이 되어 있어야 한다. 청결이 몸에 배도록 부단히 실천하고 또 실천하게 한다.

청결한 조직은 제도도 청결하다. 삼성의 제도는 누구에게나 공정하다. 제도의 핵심은 경쟁을 통한 성장이지만, 이 제도가 운영됨에 있어 평가와 보상 및 승진의 공정이 매우 분명하다. 매년 개인적 관계로 인해 평가, 보상, 승진

및 교육 기회에 영향을 주지 않도록 조직장을 엄격하게 교육한다. 이러한 제도의 청결함이 결정적으로 영향을 준 것이 바로 구매이다. 대기업의 구매부문에서 삼성만큼 부정이 적은 곳은 없다고 봐도 과언이 아니다. 삼성맨이라면 부도덕하게 돈이나 선물을 받는 것을 부끄러워한다. 조그마한 문제가 발생하면 일벌백계함으로써 추후 이런 문제가 다시는 발생하지 않도록 이끌어 가는 것은 당연하고, 철저하게 이를 교육한다. 이러한 바탕 위에 탄생한 것이 바로 '구매의 예술화'이다. 조직이 청결하니까 구성원은 더 높은 성과를 창출하는 방법을 찾는 것이다.

청결한 조직을 만들어 가는 리더의 또 다른 모습은 솔선수범이다.

"원칙을 지키라고 말만 하고 실제 본인은 지키지 않는다.", "앞과 뒤의 이야기가 다르다.", "성과/역량보다는 상사와 친한 사람이 인정받는다." 등의 이야기가 구성원에게서 회자되면, 이 회사의 전망은 밝지 않을 것이다.

일관된 메시지를 구성원과 커뮤니케이션해야 한다. 환경이 바뀌면 의사결정이 바뀔 수는 있다. 자신의 의견을 번복할 수도 있다. 그러나 철학이나 원칙이 바뀌어서는 안 된다. 리더가 천명한 원칙을 줄곧 변함없이 추진해 가는 모습 하나만으로도, 구성원들은 청결한 조직문화를 가슴에 새긴다. 한순간 리더의 경솔함과 부정적 행동은 구성원에게 혼란은 물론 바람직하지 않은 모방행동까지 낳게 한다.

구성원을 성장하게 한다

올해 들어 조직문화의 방향을 3가지로 잡았다.

"이곳에 머무를수록 성장해 간다."는 느낌을 주는 회사,
"내가 이곳에 근무하는 것이 자랑스럽다."라고 외칠 수
있는 회사,
"선배에 의한 후배 육성이 실행되는 회사"

직장인의 꿈은 경영자가 되는 것일 수도 있고, 더 많은
보상을 받는 것일 수도 있다. 그러나 하루 중 오랜 시간 보
내게 되는 직장에서 성장의 기쁨 없이 학교에서 배운 것을
방전하고 있다고 느낀다면 생활 자체가 재미가 없다. 내가
누구인가? 내가 이곳에서 무엇을 해야 하는가? 등 수많은
갈등을 느낄 것이다.

내가 이곳에 있으면서 성장한다는 것을 느끼게 하려면 어떻게 해야 할까?

첫째, 당연 구성원에게 꿈을 심어 주어야 한다. 꿈이 없는 성장은 방향 없이 열심히 하는 방랑자와 다를 바가 없다. 구성원 한 사람 한 사람의 성향을 파악하여 그에게 좀 더 도전적인 꿈을 갖게 해 주어야만 한다.

둘째, 실행이 없는 신념은 의미가 없다. 꿈이 있다면 이를 실천할 수 있는 토대를 만들어 줘야 한다. 교육을 해 줘야 한다. 단순히 외부 교육기관에 교육을 보내며 "나는 교육시켰는데, 네가 부족해서 그만큼 성장하지 못했다."라고 이야기할 수 없다. 관심을 갖고 얼마나 많은 시간 지도하고 코칭했느냐가 그 사람의 미래를 좌우한다. 일을 통한 부단한 교육이 중요하다. 지속적으로 뭔가 결과가 나오도록 만들어 가야 한다. 행동이 있고 작은 성공이 있을 때, 좀 더 큰 변화가 일어나며 성취되는 것이다.

셋째, 올바른 방향으로 가고 있는지 점검해 줘야 한다. 모든 짐을 짊어진 나귀 위에 주인이 앉아 졸면서 길을 간다고 생각해 봐라. 긴 여정은 고사하고 짧은 거리를 이동하는 것도 결코 쉽지 않을 것이다. 중간 중간 나귀에게 방향을 알려 주고, 쉬게 해 주고, 먹여 주고, 상태를 점검해 줘야 한다. 하물며 미지의 목적지를 향해 달려가는 구성원에게 올바른 방향으로 가고 있는지 관심을 갖고, 때로는 질문을 하면서 점검해 주는 것은 너무나 당연하다. 모든 짐을 구성원에게 짊어지게 하는 것은 리더의 자세가 아니다.

리더가 되어 빠지게 되는 성장의 함정이 있다.

직무를 통해 성장해야 한다는 강박관념이다. 물론 직무 전문성을 높이는 것은 역량, 인품, 네트워크를 좋게 가져가는 것보다 중요하다. 그러나 전문성 그 하나에 너무 몰입하고 인격적 성장은 안 되는 경우가 종종 있다. 자신의 업무에 있어서는 최고의 전문가이지만, 지나치게 독선적이거나, 타 업무에 대해서는 전혀 관심 자체를 갖지 않는 사람이 있다. 철학과 물리학의 만남, 미술과 경영학의 만남, 새로운 학문과의 인연 속에서 보다 큰 성과를 생각해낼 수 있고 새로운 분야로의 도약을 추구할 수 있다. 것이 진정으로 성장하는 것이다. 지식만의 성장보다는 지혜로운 성장이 옳다.

끝없이
목마르게 한다

"Stay Hungry, Stay Foolish."

애플의 스티브 잡스가 외치는 구호를 보며, 잠시 전율하였다.

배부른 고양이는 절대 쥐를 잡지 않는다. 굳이 배부른데, 몸을 움직여 쥐를 잡을 필요가 없기 때문이다. 코끼리가 말뚝에 묶여 움직이지 않는 이유는 어릴 적에 몸부림치면서 벗어나려 했으나 벗어나지 못한 기억이 있어서도 있지만, 배부르기 때문이다. 묶여 있는 그 자체가 어느 순간 익숙하게 되어 이제는 벗어나려고 몸부림치는 이유가 사라졌기 때문이다. 배고픈 운동선수가 어느 순간 금메달을 따고 국민의 영웅이 되어 광고 및 텔레비전에 나오게 되면 운동선수로서의 그의 인생은 마지막이라는 이야기가 있다. 배부르기 때문에 더 이상 그 힘든 운동을 할 이유가 없기 때문이다.

어떻게 하면 성공을 지속하고 구성원들이 더 높은 목표를 향해 움직이도록 조직을 이끌어 갈 것인가?

첫째는 핵심역량에 집중하는 것이다.

혁신제품도 언젠가는 구형 모델이 되고 시장에서 사라진다. 1등 제품이 사라지기 전에 핵심역량을 중심으로 혁신제품을 출시해 나가야 한다. 메모리 반도체 사업에 있어서는 삼성전자가 대표적 예이다. 남들을 따라가다가는 영원히 도태되고 만다. 1등이 되어 남이 따라올 수 없도록, 더 앞을 향해 달리도록 조직과 구성원의 핵심역량을 강화시켜 나가야 한다.

둘째는 완벽을 향해 집중하게 해야 한다.

완벽이라는 꿈을 이루기 위해 미친 듯이 노력하게 해야 한다. 남들이 바보라고 비웃고 손가락질하더라도 묵묵히 자신의 길을 걷도록 해야 한다. 완벽을 추구하는 것이 옳은 일이라고 생각한다면, 당연 그 길을 걸어가도록 이끌어야 한다.

셋째는 자신의 성과물에 혼이 담기도록 해야 한다.

저자가 1986년 처음 직장생활을 할 때에는 PC가 없는
시대였다. 종이 위에 손으로 기안을 써야 했는데, 명사는
전부 한자로 쓰라는 지시가 있었다. 한자를 배우지 않은
탓도 있지만, 인사부서에 근무하면서 사람 이름이 너무 어
려워 매일 그리다시피 한자를 써서 기안을 올리면 바로 줄
이 그려지고 다시 올리라고 했다. 처음부터 다시 기안을
쓰는 일은 쉬운 일이 아니다. 솔직히 쓰는 일보다도 마음
이 상한 것이 더 큰 고통이었다.

밤마다 집에 와 한자를 쓰는 연습을 하여 두 달쯤 지나니
까 제법 고참 선배들과 비슷한 기안이 나오게 되었다. 아
무 가치가 없는 한자쓰기였다고 생각했지만, 2개월이 지
난 후 내가 쓴 기안이 사장님에게까지 결재가 될 때의 감
동은 남달랐다. 만약 그때도 한자를 그렸다면, 아이디어는
좋아도 분명 내 이름으로 기안이 작성되지 못했을 것이다.
자신의 일에 대해서는 세세한 부분이라도 알고 있어야 하
며, 자신의 이름에 흠집이 되지 않도록 혼을 다해야 한다.
일본의 어느 제조회사의 표어는 "내가 만드는 제품에 혼을

불어넣자."다. 불량률 몇% 줄이기, 생산 목표 얼마 올리기
가 아니다. 혼을 불어넣도록 해야 한다.

넷째, 성과에 목마르게 해야 한다.

영원한 1등은 존재하지 않는다. 작년보다는 올해 더욱
성취하도록 도전적인 목표를 부여해야 한다. 피 한 방울
마시기 위해 벽을 타고 천장에 올라가 침대로 떨어지는 벼
룩처럼 악착같이 도전하게 해야 한다. 법 때문에 안 되면
법을 바꾸게 해야 하며, 길이 막혀 안 되면 길을 뚫으면 된
다. 조직과 구성원에게 쉬지 않고 부단히 더 높은 성과를
창출하도록 이끌어야 한다.

기강을 세운다

구성원 가운데는 높은 성과를 창출하고, 회사에 없어서는 안 되는 핵심직무를 수행하는 자가 때로 원칙을 지키지 않고 지시를 어기는 경우가 있다. 조직장 입장에서 여간 고민이 아닐 수 없다. 워낙 높은 성과를 창출하기 때문에 다른 조직으로 보낼 수도 없고, 함께 일을 하자니 속이 다 탄다.

기강은 조직의 질서를 바로잡아 조직을 생명력 있게 이끄는 힘이다.

군에 있어서의 기강은 병사들로 하여금 자신을 돌보지 않고 싸우도록 하는 힘이다. 소대장이 총알이 비 오듯 퍼붓는 고지를 향해 "전진 앞으로"를 외치면 총알을 두려워하지 않고 달려 나가야 한다. 역사를 돌아보면 승리한 군대의 대부분은 원래부터 강한 군대가 아닌 기강이 강한 군대였다.

조직의 기강을 어떻게 무엇으로 세울 것인가?

첫째는 구성원 모두의 원칙이다.

기강은 리더의 말 한마디나 외부의 힘에 의해 세워지지 않는다. 내부 구성원 간의 마음의 합의가 있어야 한다. 기강을 세우는 것은 원칙을 만들고 지속적으로 이끌어 가는 것과 같다. 각자 마음속에 있는 자신만의 기강이 아니라 전체가 반드시 지켜야 할 원칙을 정해야 한다.

둘째는 세운 원칙의 예외 없는 실천이다.

삼국지의 조조는 농사일을 하는 백성에게 피해를 주지 않기 위해 논을 지날 때 피해를 주게 되면 사형에 처한다는 원칙을 정하였다. 강한 조직이었고, 조조의 말 한마디는 곧 법이었던 시대였다. 기강을 세우는 가장 어렵지만 최고의 방법은 최고경영자의 실천이다. 조조가 탄 말이 새가 날아오르는 것에 놀라 논으로 뛰어들면서 농사에 피해를 주게 되자, 조조는 자신의 상투를 베어 버렸다. 조직이 움직이지 않을 때, 상급 조직장 10%만 바꾸게 되면 조직은 빠르게 움직이게 된다. 지키지 않은 한 사람을 용서하기 시작하면 전체가 문란하게 되는 것은 시간문제이다.

셋째는 마음을 다해 신뢰하는 자세이다.

기강은 결코 체벌이나 권위에 의해 세워지지 않는다. 일순간 고통을 피하기 위해서, 두려움에 의해 기강이 설 수도 있다. 그러나 이런 부정적 방법은 오래가지 않는다. 마음으로부터 우러나오는 감동에 의해 기강은 서게 되어 있다. 기강을 세우기 위해서는 마음을 다해 구성원을 신뢰하는 사랑의 자세가 기본이라 하겠다.

특별한 잘못은 없지만, 기강을 해치는 구성원을 어떻게 할 것인가?

유능하긴 하지만 매일 10분 정도 늦게 출근하는 구성원, 지시를 하면 "예, 알았습니다."가 아닌 "왜 내가 이것을 해야 하나요?" 하며 퉁명스러운 구성원, 개인적으로 일은 완벽하게 처리하지만, 함께 일하는 데는 무조건 빠지려는 구성원, 자신의 일이 끝나면 남들이 아무리 힘들어해도 쳐다보지 않는 구성원. 모든 경우에 리더는 답답함을 느끼게 된다. 반드시 원칙은 지켜져야 하며, 기강을 해치는 구성원이 자신의 행동에 대해 반성 하고 다시는 그러한 행동을 반복하지 않도록 일벌백계로 다스려야 한다. 처음에는 힘들겠지만, 자신에게도 가르침이 되고 조직의 다른 사람에게도 긍정적 메시지를 남기게 된다.

자신의 잘못을 알지 못하거나, 뉘우치지 않는다면, 일정기간을 정해 설득해야 한다. 일정기간 후에도 행동의 변화가 없다면 조직에서 내보내는 것이 옳다. 조직은 단체가 움직이는 곳이지 한 사람에 의해 좌우되는 곳이 아니기 때문이다.

part 8

자기관리

존경받는 상사가 된다

구성원들에게 존경하는 상사와 함께 일하기 싫은 상사를 선정하게 하였다. 존경하는 상사로는 인격적으로 대해 주는 상사, 인정하고 칭찬해 주는 상사, 솔선수범하는 상사, 방향을 제시하고 대안을 주는 상사, 전문성이 높아 제대로 알려 주며 왔다갔다하지 않는 상사, 결재를 잘 받아 주는 상사, 마음이 통하는 상사, 편애하지 않는 상사, 배려해 주는 상사 등이 꼽혔다. 반면 함께 일하기 싫은 상사는 그 정반대의 경우가 많았다. 그중에서도 인격적으로 모독을 받은 구성원은 그 감정이 오래감을 엿볼 수 있었다. 세월이 흘러도 비슷한 양상이 될 것이다. 그러나 상사의 입장에서 보면 억울함이 많을 것이다.

1950~70년대의 우리나라는 하루 두 끼를 먹으면 보통

으로 사는 가정이었다. 배고픔이 당연시되던 시절이었기 때문에 누가 세 끼를 해결해 준다면 뭐든지 한다고 했던 시절이었다. 오죽하면 밤 11시에 자장면 사 준다니까 그 늦은 시간까지 일했겠는가? 이 시대에는 직장에서 혼나 가며 일을 배웠다. 맞는 것에 그리 의미를 두지 않았다. 배우는 것이 더 중요했고, 내가 잘하지 못하니까 맞는다고 당연하게 생각했다. 그렇게 직장을 다녔다.

지금 일을 잘못한 직원을 혼내려면 여러 가지 규칙이 필요하다. 일단 조용한 곳으로 불러야 한다. 잘못한 것을 구체적으로 혼내야 하며, 하나의 행동에 대해 여러 번 이야기하면 역효과가 난다. 혼내는 것도 눈치를 보면서 혼내야 한다. 녹음까지 해서 외부에 투서하면 직장 생활을 할 수 없게 되기도 한다. 만약 여럿이 있는 곳에서 목소리 높여 혼내면 그 상사는 바로 나쁜 상사가 된다. 조직문화를 역행하는 사람이 되어 기피 대상 1호로 뽑히게 된다. "나는 그렇게 배우지 않았는데…."는 의미가 없다. 시대와 상황이 바뀌었기 때문에 리더십도 바뀌어야 한다.

좋은 상사가 되려면 구성원에게 어떤 모습을 보여주어야

하는가?

첫째, 무조건 인정하고, 칭찬하고 배려한다고 좋은 상사는 아니다. 내가 성장하도록 이끌어 주고, 하나의 일을 제대로 하도록 마음에서 우러나는 질책을 해 주는 상사가 보다 좋은 상사이다. 직장생활을 하면서 마음 좋은 상사는 많이 만나도 나를 진정으로 이끌어 준 상사는 많지 않을 것이다. 그만큼 모든 구성원에게 좋은 상사가 되기는 어렵다.

좋은 상사가 되기 위해서는 먼저 지난날에 자신이 겪은 일들을 되새겨 보는 자세가 중요하다. 과거의 경험으로부터 지혜를 창출해야 한다.

둘째, 나의 허물을 중심으로 남을 바라보는 마음이 필요하다. 내가 구성원을 사랑하는 데도 친해지지 않으면 내 사랑이 부족하지 않나 반성하고, 내가 잘 대해줬다고 생각하는데도 기대한 수준보다 미흡하게 반응하면 내 자신부터 그 원인을 생각해야 한다. 자신의 허물을 알고 있는 사람이 진정한 현인이라고 한다.

셋째, 구성원이 진심으로 성장해서 뛰어난 인재가 되기

를 기원하며 지원해야 한다. 모든 리더의 시간이 다 여유 있는 것은 아니다. 때로는 구성원의 말을 들으면서 문서를 보기도 하고, 전화를 받으면서 일을 처리하고, 집중할 시간이 필요해도 시간에 쫓겨 일을 처리하는 경우도 많다. 그러나 아무리 시간이 없어도 부하 혼내는 일만큼은 시간을 내야 한다. 그 순간이 지나면 그 부하는 또 유사한 잘못을 할 것이고, 이런 일이 반복되면 그 일이 습관이 되어 고칠 수 없게 되는 것이다. 유능한 부하를 무능하게 만들기는 쉽다. 반대로 무능한 부하를 유능하게 만들기는 매우 어렵다. 그만큼 노력이 요구된다.

넷째, 사심을 버려야 한다. 내가 하는 모든 행동에 나의 욕심이 들어가 있으면 진실로 보이지 않는다. 오히려 자신이 초조해지게 되어 있다. 사심을 버리면 주위를 바라볼 수 있는 혜안이 생긴다. 반성하게 되고 사고하게 된다. 사심 없는 상사와함께 하는 구성원은 결코 상사가 나의 성장과 직장생활의 즐거움을 뺏어 가는 1순위 원인 제공자라고 생각하지 않는다.

자신을 명확히 인식한다

사람들은 많은 시간 "나는 누구인가?"를 외치곤 한다. 불혹의 나이가 지났음에도 자신을 찾아 한번은 혼자만의 여행을 떠나고 싶어 한다. 노조위원장으로 지내던 한 지인은 올해 목표를 '나를 찾아 떠나는 해'로 하고, 평소 본인의 마음속에 간직된 100명을 만나는 계획을 세워 실천하고 있다고 한다. 1년에 100명의 고마운 사람과의 만남 속에서 자신을 찾고 감사의 마음도 전하겠다는 그의 각오 속에는 자신을 잃고 50년을 앞만 보고 달린 자신이 부끄러울 때도 있다.

현장의 생산직에 계신 분들은 대부분 정년이 보장되어 있다. 60세가 되어 퇴직을 한 다음이 문제이다. 제대로 취미생활 하나 만들지 못했다. 산에 가는 것도 한두 번이고,

평소 안 하던 일을 하려면 눈치가 이만저만이 아니다. 그렇다고 아내처럼 주위의 많은 친구를 사귀어 돈 안 들고 놀 수 있는 것도 아니다. 안방에서 텔레비전을 보며 시간을 보내다 보면 아내에게 정말 귀찮은 존재가 된다.

55세 넘은 분들에게 물어보면 10명이면 10명 노후생활이 걱정된다고 한다. 정년까지 아직 많이 남았는데, 지금부터 노후생활을 즐길 그 무엇을 개발하라고 하면, "이 나이에 무엇을 해, 그냥 가면 되지."라고 말한다. 의욕이 없는 것보다는 두려움에 자신을 묻어 버린다. 주거, 식생활 및 의학의 발달로 90세까지 살아가야 하는데, 60도 안 되어 할 일이 없다면 남은 인생이 얼마나 슬프겠는가? 나를 찾지 못한 탓이며, 인생을 제대로 즐기지 못한 탓이다.

어떻게 자신을 찾아가야 하는가?

첫째, 인생을 통해 하고 싶은 것 10가지를 정한다.
단순하게 할 수 있는 것이 아닌 어느 정도 노력과 시간 및 돈이 필요한 다소 도전적인 목표를 정한다. 아내와 함께 한 달간 유럽 여행하기, 아프리카 밀림에서 2주간 생활하기, 가난한 아이 100명에게 꿈을 심어 주기 등 뭔가 이 사회에 도움이 될 수 있는, 내가 받은것을 사회에 주고 갈 수 있는 의미 있는 일이나 자신을 기쁘게 할 10가지 목표를 설정한다.

둘째, 하루에 자신만의 시간 30분을 떼어 낸다.

이 30분 동안 당신은 무엇을 해도 좋다. 좀 더 즐거운 일을 한다면 더욱 의미 있을 것이다. 30분을 위해 당신은 다른 시간에 더욱 열중하게 될 것이다.

셋째, 이제부터는 아내와 자녀에 대한 시간을 갖는다.

특별한 일이 없으면 아내와 하루에 30분 이야기하는 것을 습관화한다. 아내는 온종일 남편이 오기를 기다려 오다가 이제는 마음이 굳어져 버렸을 것이다. 지속적으로 노력하여 아내와 처음 만났을 때처럼 이야기꽃을 피우도록 해야 한다. 아이들과는 얼굴을 보고 10분을 이야기한다. 얼굴 보는 것이 어려우면 전화 문자를 2번 이상 한다. 남는 것은 아내와 자식뿐이다.

넷째, 취미를 갖는다.

취미는 내가 만드는 마음의 다른 표현이다. 나의 생각과 성격이 취미를 통해 나타난다. 한 달에 한 번 전국의 하천이나 장터를 찾아보는 것을 취미로 할 수 있다. 지금은 많이 사라졌지만, 5일 장터의 활기찬 모습을 접하면 젊은 시절의 열정이 용솟음친다. 그 가운데서 사진을 찍거나 장사하시는 분들의 구수한 입담을 모아 글로 적는다면 잊혀 가는 것을 생각나게 하는 사람이 된다. 개미에 심취한 한 교수님이 계신다. 개미 생활을 관찰하면서 자연과 세상을 보는 눈이 더욱 밝아졌다고 하신다. 큰 생각 없이 그저 좋아서 했던 취미이지만, 내 마음에 따라 인생의 기쁨을 가득 느끼게 해 준다.

마지막, 하루에 한 장 이상 자신만을 위한 글을 쓴다. 무엇인가 적기 위해서 하루를 보다 의미 있게 보낼 것이며, 떠나는 그 순간 자손들에게 좋은 가르침이 될 것이다. "내가 누구인가?", "나는 지금 잘 살고 있는가?" 분명 자신에게 묻고 또 묻는 중요한 이슈이다.

리더의 매력을 느끼게 한다

누구나 리더가 될 수 있다. 비록 리더로서의 능력을 갖추지 못했다 할지라도 완장을 채워 주면 얼마간은 리더로서의 흉내는 낼 수 있다. 중요한 것은 바람직한 모습으로 직원에게 변화를 주는 그런 리더는 그리 많지 않다는 것이다. 내 마음을 뛰게 하고, 함께 있으면 마냥 행복한 매력적인 리더는 쉽게 만들어지지 않는다. 리더인 내가 '나 자신을 진정 존경하고 사랑스럽게 생각하는가?', '내 삶의 목적이 어떻게 나의 행동에 반영되고 있는가?'를 명확하게 인식하고 있을 때, 리더로서의 매력이 비로소 발휘된다. 남이 나를 어떻게 알아주느냐보다 내가 내 행동에 신뢰와 책임감을 느낄 때 가능한 일이다. 매력적인 리더는 자신의 작은 소리에 귀기울일 줄 알고, 비관적이며 파괴적인 생각을 긍정적이며 생산적인 사고로 바꾸어 밝게 행동해 간다.

어떤 리더가 매력적으로 느껴질까?

자신을 매력적으로 보이기 위해 노력하는 모습도 중요하지만, 더욱 중요한 것은 남에게 매력적으로 기억되어야 한다는 것이다. 매력적으로 보이려면 무엇이 필요할까? 먼저 업무를 처리하는 능력이 필요하다. 일에 있어 전문성이 있어야 한다. 물론 리더가 전문성이 떨어질 수 있다. 모르는 일을 담당할 수 있다. 그 상황에서도 방향을 주고 동기부여를 시키는 리더가 매력적이다. 또한, 일을 하는 데 몰입하는 리더가 매력적이다. 한 가지 의사결정을 위하여, 하나의 과제를 해결하기 위하여 그 일에 몰입하는 모습이 존경심을 자아낸다.

책임지는 리더의 모습은 아름답다.

몇 년 전의 일이다. 모시던 본부장이 갑자기 퇴임을 선언했다. 자신이 전에 다른 본부장으로 있을 때 문제가 된 일이 회사에 피해를 주었기 때문이다. 사실 자리를 떠난 지도 몇 년이 지났고, 새 조직장도 분명 그것을 인식하고 있었을 것이다. 그럼에도 불구하고 누군가는 책임을 져야 했다. 책임을 질 사람은 가장 직책이 높은 본인이어야 마땅하며 아랫사람은 용서해 달라고 요청한 그 경영자가 매력적인 리더이다.

또한 네트워크가 강한 리더가 매력적이다. 내·외부 네트워크가 강하여 어려운 요청을 해도 척척 해결하는 그런 인간관계력이 부러울 때가 많다. 사람에 대한 사랑이 가득하여 모든 사람으로부터 칭송이 자자하며, 기본적으로 남을 이해해 주는 넓은 마음을 보유한 리더가 매력적이다.

마지막으로 자신감이 넘치고 언제나 긍정적인 리더가 매력적이다. 그분만 보면 왠지 뭐든 할 수 있을 것 같고, 함께 근무한다는 것 자체가 즐거운 그런 리더, 항상 자신에 찬 언행으로 긍정적 사고와 메시지를 주는 리더가 닮고 싶은 리더이다.

리더만의 향기가 있다. 그 향기는 깊이 그리고 넓게 퍼져 나가 주위의 구성원들을 물들게 한다. 구성원들이 그 향기에 흠뻑 취하고 그를 본받게 된다면, 그 조직은 어느덧 일하기 좋은 곳이 된다. "내가 이곳에 근무하는 것이 자랑스럽다."라고 즐거워하게 된다. 리더의 매력은 바로 구성원을 또 다른 리더로 만드는 데 있다.

겸손하다

노자께서 말씀하셨다.

강과 바다가 모든 골짜기의 왕이 될 수 있는 까닭은 스스로 낮추기를 잘했기 때문이다. 그래서 모든 골짜기의 왕이 되는 것이다. 백성 위에 있고자 하면, 말을 스스로를 낮추어야 하고, 백성 앞에 서고자 하면, 스스로 몸을 뒤에 두어야 한다.

江海所以能爲百谷王者(강해소이능위백곡왕자),
以其善下之(이기선하지), 故能爲百谷王(고능위백곡왕),
是以欲上民(시이욕상민), 必以言下之(필이언하지),
欲先民(욕선민), 必以身後之(필이신후지)
― 『노자(老子)』, 「강해소이능위(江海所以能爲)」

예수님께서도 말씀하셨다.

"누구든 자기를 높이는 자는 낮아지고, 자기를 낮추는 자는 높아질 것이다." ─「마태복음」 23:12

　퇴임식장에 가면 그분이 어떤 생활을 해 왔는가를 엿볼 수 있다. 퇴임하는 상사를 위해 회사가 마련해 준 자리에, 어쩔 수 없이 나와 거짓 웃음을 지으며, 악수와 함께 "고생하셨습니다."를 외치고 바로 사무실로 가는 직원을 생각해 봐라. 다른 예로, 떠나는 상사를 보내기 아쉬워 이른 시간부터 퇴임식장에 와서 기다리다가 들어오는 그분의 손을 붙잡고, "좀 더 우리와 함께 근무하면 안 되나요."를 애타게 외치는 직원을 생각해 봐라. 당신은 어떤 상사와 일하고 싶고, 왜 이렇게 다른 모습이 되었을까? 자신만 생각하고, 자신을 높이기에 급급했던 퇴직한 상사를 네거리에서 마주쳤을 때, 당신은 어떻게 하겠는가? 보지 못한 듯이 고개를 돌려 옆길로 황급히 걸어가지 않겠는가?

　수성이 창업보다 더 어렵다고 했다.
　한번 성공을 맛보면 더 큰 성공을 위해 무리를 하게 된다. 자신감이 생기고, 자신이 최고인 양 행동하게 된다. 지금껏 자신을 도와준 많은 사람보다 내가 잘나 이 모든 것을 성취했다고 생각한다.

많은 사람들이 자기가 남보다 더 나은 사람이 되기를 희망한다. 좀 더 많은 성취를 해야 한다고 생각하고, 좀 더 많은 말을 하고 싶어 하고, 좀 더 많은 일을 맡아 하고, 좀 더 인정과 칭찬을 받기 원한다. 자연스럽게 경쟁이 생기고, 교만과 시기 속에 갈등을 초래한다. 궁극적으로는 불 속에 뛰어드는 하루살이처럼 망하게 된다. '부자가 3대 가기 어렵다'는 말은 바로 이러한 면을 단적으로 보여준다. 쌓은 것을 지키는 것이 덕이며 겸손이다.

  겸손한 리더는 때로는 한 걸음 물러나 양보할 줄 아는 사람이다. 이미 인생의 바닥을 경험한 사람은 더 이상 잃는 것에 대해 두려워하지 않는다. 마음을 비운 사람은 더 이상 물질의 유혹에 사로잡히지 않는다. 그러나 직장생활을 하면서 이러한 밑바닥을 경험하거나, 모든 것을 잃어버릴 일들이 적다 보니 양보하는 법을 모른다. 승부의 세계에서 앞으로 전진만을 요구하게 된다. 이제 보다 현명한 사람이 되어, 한 걸음 물러나 사태를 주의 깊게 살피고, 넓은 안목으로 냉철하게 판단하라. 리더는 기고만장하는 사람이 아닌 흐르는 깊은 강물처럼 겸손하게 순응하는 사람이다.

기본에 충실하다

직장생활을 하다 보면 엄청난 유혹에 마음이 갈 때가 있다. 평소 해 보고 싶었던 일이라면 더욱 욕심이 생기고 무리가 예상되지만 추진하고 싶을 것이다. 사실 대기업이 망하는 원인을 보면, 한순간의 잘못으로 망하는 경우는 드물다. 조금씩 기본을 벗어난 제도를 운영하며, 경영진의 변화 욕구와 구성원의 무리한 욕심에 의해 서서히 무너져 간다.

수없이 많은 경영기법이 변하였다. QC품질관리, TQM전사적 품질경영, 고객만족, 리스트럭쳐링, 리엔지니어링, 고객만족, BSC, 6시그마, 학습조직, 전략경영 등등 이런 저런 기법을 도입하여 적용했지만, 궁극적으로는 그냥 기본에 충실하고 단순하게 판단했으면 하는 아쉬움을 느껴 보았을 것이다.

"본업에 충실하라."

이 말은 더 이상 사업을 확대하지 말고, 본업에 충실하여 누구도 모방할 수 없는 핵심역량을 키워 가라는 이야기일 것이다. 600년 넘는 일본의 국수가게부터 3M, GE, P&G 등 세계적 기업들은 변화를 하면서도 본업의 철학과 정신을 잃지 않았다.

기본은 무엇인가? 첫 직장 생활할 때, OJT선배가 해 준 조언은 단 하나였다.

"언제 어디서 무엇을 하든 회사, 함께하는 사람, 회사의 제품, 자신이 하고 있는 일에 대해서는 절대 나쁜 말을 하지 마라."

이 한마디가 31년 직장 생활을 지켜 준 강력한 힘이 되었다. 기본이 강한 리더는 달라도 많이 다르다.

첫째, 리더는 항상 준비된 사람이다. 첫 직장 생활할 때, 그날 할 일들을 꼼꼼히 생각하고 준비하고 긴장된 상태로 자신을 이끈 것처럼 초심을 잃지 않는 준비된 사람이어야 한다.

둘째, 고민하고 연구하는 사람이다. 하나의 과제를 처리하기에 급급한 사람이 아닌 보다 바람직한 모습으로 나아가도록 고민하고 연구하여 성과를 창출하도록 이끄는 사람이다.

셋째, 경청하고 인정해 주는 사람이다. 혼자 성과를 내는 사람이 아니다. 전 구성원이 통합된 성과를 발휘하도록 그들의 말을 경청하고, 동기부여 시키며 성과를 향해 나가도록 해야 한다.

넷째, 자극하는 사람이다. 고인 물은 썩는다. 물이 흐르도록 지속적으로 자극하여 구성원을 뛰게 만들어야 한다.

다섯 째, 의사결정을 하는 사람이다. 의사결정은 리더의 권한이기도 하지만, 그에 따른 책임도 있다. 의사결정을 할 때는 심사숙고해야 한다. 그러나 결정을 했으면 강하게 밀어붙이고, 잘못된 일에 대해서는 책임을 지는 사람이 되어야 한다.

리더는 배가 항구로 가도록 인도하는 항해사와 같은 역

할을 한다. 만약 항해사가 자기 마음대로 동쪽으로 갔다 남쪽으로 가고, 다시 서쪽으로 가는 것을 반복한다면, 배는 결코 항구에 도달하지 못할 것이다. 기본에 충실한 리더는 원칙을 지키며, 단순하게 생각하며, 실천하는 사람이다.

일과 생활의
균형을 갖는다

"열심히 일한 그대, 떠나라."

한 카드 회사의 광고 문구가 직장인들의 가슴을 뛰게 했다.
수많은 직장인이 앞만 보며 달려왔다. 60년대와 70년대
에 직장생활을 하신 분들은 정말 바빠 살아왔다. 가족을
생각할 틈이 없었고, 사업이 성장함에 따라 집은 하숙집에 불
과했다. 물론 이분들의 이러한 노력으로 일인당 소득 100불
밖에 안 되던 우리나라가 인당 소득 삼만 불이 되었다.

반면, 그들은 너무나 많은 것을 잃어버렸다. 자식들과 대
화가 끊긴 지 오래되었고, 아내도 말을 하지 않는 것을 더
편하게 생각한다. 퇴직하고 난 후의 노후생활을 한 번도
생각해 본 적이 없기 때문에 정작 퇴직하고 할 일이 없다.

일만 하고 살아왔기에 새로운 사람 만나는 것도 어색하고 왠지 싫다. 방구석에서 텔레비전을 보며 늙어 가는 자신을 한탄한다.

65세에 정년퇴임한 교수님과 함께 한 분을 찾아 갔다. 교수님의 은사님으로 올해 90세가 되셨다. 그분은 교수로 정년퇴임 후, 얼마 가지 않아 하늘나라로 갈 것이라 생각하셨단다. 그래서 시골로 내려와 자연과 벗하며 시간을 보냈다고 한다. 지금 돌아보니 당신이 90살까지 살 거라고 한 번이라도 생각했다면 이렇게 살지 않았을 것이라며, 은퇴한 제자 교수에게 "더욱 공부하고 책도 쓰고 젊은이들에게 많은 강연을 하며 그들과 함께하는 시간을 가져라." 하며 조언하신다. 평소에 일과 생활의 균형을 가져갔다면, 이런 후회는 없었을 것이다. 일을 할 때에는 일밖에 몰랐고, 직장을 그만둔 날부터 일이 없는 하루하루 인생만 있다면, 이 또한 슬픈 일이다.

어떻게 일과 생활의 균형을 찾아 갈 것인가?

첫째, 취미를 갖는다.

젊었을 때 취미활동을 틈틈이 하여, 은퇴 후 이 취미활동이 본업이 된 분들을 몇 명 안다. 공장에서 근무하면서 테니스가 좋아 자투리 시간에 틈틈이 공부하여 국제 테니스 심판이 된 한 선배님은 지금도 젊은이들과 테니스를 갖고 토론의 불을 밝힌다. 도자기 만드는 취미를 가진 형은 선생님들과 감사를 해야 하는 지인들에게 자신이 만든 도자기를 선물로 준다. 자신의 낙관을 찍어 정성으로 만들었다며 미소 짓는다. 도자기를 받는 사람들이 더 고마워하는 것은 당연하다.

둘째, 생활의 중심인 가족들과 함께하는 시간을 즐긴다.
여행을 가더라도 자식들에게 순번을 정해 몇 월 가족 여행을 네가 계획을 짜고 추진하라고 하면 보다 다양한 프로그램을 갖고 가족이 하나가 되는 여행이 된다.

셋째, 가장 중요한 것은 내 마음 속의 균형이다.
하나의 일이 끝났을 때, 자신을 위해 특별한 세리머니를 하고 있는가? 다른 사람들에게는 선물을 주며 축하해 주는데, 정작 자신은 소홀히 하는 것 아닌가? 내 마음속에 일에 대한 집착과 생활의 안정과 평화가 함께해야 한다. 어느 한편에

잠깐 동안은 차등이 있을 수 있다. 그러나 아무리 바빠도 다른 한편을 잊어서는 안 된다.

　사실 리더에게 일과 생활의 균형을 가져가라고 이야기하는 것은 무리일 수 있다. 본인이 스스로 만들어 가는 것이다. 상사의 입장에서 보면, 젊은 직원들은 너무나도 철저하게 자신의 입장을 주장한다. 퇴근 후의 잔업을 싫어하고, 회식하는 것도 몇 주 전에 선약을 해야 하는 정도이다. 이들에게 기존의 경험을 이야기하며 강요해서는 곤란하다. 이들에게는 이들의 문화와 인식이 있다는 것을 인정해 주고, 변화시켜 가야 한다. 매일 밤늦게 퇴근하는 것이 자랑이 아니고, 이러한 사람이 더 이상 영웅이 되어서는 안 된다. 가정과 자신의 미래를 준비하며 현재의 일에 성과를 올리는 리더가 보다 바람직한 리더이다.

술자리에서
매너를 지킨다

"첫 잔은 갈증을 낮게 하고, 둘째 잔은 영양이 되고, 셋째 잔은 유쾌한 기분을 주며, 넷째 잔은 사람을 미치게 한다."

영국의 격언이다. 술이 사람에게 용기를 주고 기분을 좋게 해 주다 보니 좀 더 자유스러운 분위기 속에서 이야기를 나누게 된다.

문제는 넷째 잔이다. 넷째 잔을 넘어서면 온갖 갈등과 싸움이 일어난다. 말이 많아지면서 실수가 나오고, 부자연스러운 행동을 낳게 된다. 직장인이라면 술자리에서 낭패를 본 경험이 한두 번은 있을 것이다.

한 번이라도 기억이 나지 않는 순간이 있다면 금주해야 한다.

술을 많이 마시는 한 부서에 근무한 적이 있다. 이 부서의 술을 마실 때의 3대 원칙은 "잔을 돌린다. 1차 이상을 간다. 한번 시작한 사람은 끝까지 함께한다."이다. 5명 이상이 술을 먹다 보면 자제를 한다 해도 각 2병 이상을 마시게 된다. 어느 순간 기억나지 않는 일이 생기게 된다. 일명 필름이 끊긴 것이다. 아침에 일어나면 걱정이 많다. 기억이 없던 상태에서 내가 무엇을 했는지 모르기 때문이다. 이때부터 금주를 해야 한다. 더 이상의 음주는 건강을 해치는 정도가 아닌 직장생활에 오명을 남길 수 있다.

술자리에서 리더가 갖추어야 할 일은 무엇인가?

첫째, 술을 권하는 방법이다.

우리나라에서는 자신의 잔을 자신이 받는 것에 조금은 어색함이 있다. 잔을 닦고 상대에게 권하는 것이 예의라고 생각한다. 잔을 돌리는 것보다는 비운 잔을 채워 주는 것이 보다 옳다. 그러나 어쩔 수 없이 잔을 돌릴 때는 잔을 닦고, 오른손으로 주고 다음에 술병을 들어 권하는 것이 좋다. 술병과 술잔을 함께 들고 권하는 것은 좋지 않다. 술잔은 윗사람이라면 50% 수준으로 채우는 것이 바람직하다.

둘째, '말'이다.

술자리에서는 말을 최대한 아끼는 것이 좋다. 구성원에게 많은 이야기를 할 기회를 주고 분위기를 띄워 주는 수준으로 가져감이 좋다. 직책이 높아지고 나이가 들수록 말이 많아진다고 한다. 직원들은 술자리에서 상사의 이야기를 들으며 기합 받는 것을 기대하지 않는다.

리더가 술자리를 떠나는 순간은 언제일까? 마냥 앉아서 직원들과 술잔을 나누기에는 부담이 된다. 통상 식사가 끝나고 10여 분 후에 직원들에게 즐거운 시간이 되도록 격려하고 자리를 피해 주는 것이 어떨까? 물론 계산을 해주고 떠나는 것은 기본이다. 또한 음주의 장소는 그날 만나는 사람과 주제를 고려하여 정하는 것이 철칙이다. 마지막으로 술자리에서 개인에 대한 이야기를 하는 것과 기분이 좋지 않은 상태에서의 음주는 삼가야 한다.

술자리의 가장 보기 싫은 모습은 무엇일까?

큰 소리로 자기 이야기만 하는 사람, 이미 취한 상태인데도 마구 술을 권하는 사람, 음식을 흘리면서 이리저리 자리를 옮겨 술을 권하거나, 구석에 쪼그려 잠을 자는 사람도 안쓰럽다. 직원에게 무리하게 술을 따르라고 하거나, 심부름을 시키는 사람도 있다. 대접해야 할 사람인지 대접받는 사람인지 구별을 못하고 중요한 모임을 망치는 사람도 있다. 자신은 술을 한 방울도 못 한다며 분위기를 파악하지 못하는 사람도 힘든 사람이다. 더 심한 경우 싸움을 하는 사람도 있다. 도가 지나치면 반드시 후회하게 된다.

자신의 품위를 지키는 사람이 되어야 한다.

술이 과해지면 용단을 내려야 한다. 리더의 말 한마디는 파급효과가 크다. 술자리에서 한 이야기라고 구속력이 없다고 말할 수 있는가? 흐트러진 자세로 거리에 토를 하는 양복 입은 리더의 모습을 아래 직원이 봤다고 생각해 봐라. 과하기 이전에 삼갈 줄 아는 것이 매너다.

화를 참는다

화가 날 때 어떻게 행동해야 할까?

화를 나게 한 원인이 무엇이냐에 따라 다르겠지만, 여러 스타일이 있다. 즉각적으로 화를 내는 사람도 있고, 참기 위해서 창밖을 바라보거나, 사무실을 나가거나, 즐거운 그 무엇을 하는 사람도 있다. 내적으로 삭이는 사람도 있을 것이다. 화가 난다고 바로 화를 낸다면 화를 내는 사람이 패하는 법이다. 누구나 잘못을 하고 단점이 있다. 잘못이나 단점을 잘 타일러 깨우쳐 다시는 그런 잘못이 일어나지 않도록 하고, 개선하도록 해야 한다.

직장생활을 하면서 가장 화나는 일이 무엇일까?

자신이 한 행동에 대해 인정을 받지 못하고, 나아가 험담을 듣는다면 화날 것이다. 칭찬도 받지 못하고 험담을 들었을 때, 그것도 상사에게 들었다면 당신의 기분은 어떻겠는가? 더구나 이러한 험담이 당신의 승진이나 이동에 결정적인 영향을 주었다면? 한 경영자는 이렇게 이야기했다. "그래도 당신이 죽은 것은 아니지 않는가? 그 모든 험담이나 기분 나쁜 것들을 깊게 생각하지 말고 다 쏟아 버려라. 기분 나쁜 생각을 자꾸 하게 되면 현재뿐 아니라 직장생활 내내 보람과 성취를 추구하지 못한다." 옳은 이야기이다. 한순간의 화남을 참지 못하고 직장생활을 망친 사람이 한둘이 아니다.

리더가 참지 않아야 할 일이 무엇인가?

한 직원이 있었다. 자신의 일이 중요하다는 이유로 원칙과 팀워크를 무시하고 자신의 이익만을 추구한다면 당신은 어떻게 하겠는가? 언제까지나 정으로 감싸 주어야 하는가? 직원은 한 명이 아니다. 한 사람의 허물을 덮어주다 보면 또 다른 사람의 허물에 대해 엄격해질 수 없다. 원칙과 룰을 무시하는 직원에 대해서는 엄격해져야 한다. 또한 자신의 허물에 대해서 용서해서는 안 된다. 자신의 잘못에 관대해지다 보면 어느 순간 아랫사람들의 잘못을 탓할 수 없게 되고, 자연스럽게 조직은 병들게 된다.

그럼에도 불구하고 리더는 용서할 줄 아는 사람이다. 용서해 이기는 자만이 진정한 리더이다. 용서한다는 것은 잊는다는 것이다. 내가 용서함으로써, 용서를 받은 사람은 또 다른 사람을 용서할 수 있는 법이다. 리더의 행동 하나하나를 구성원들이 따라 배운다는 점을 명심해야 할 것이다.

메모한다

　최고경영자인 정 사장은 메모광이다. 그의 수첩에는 매일 중요한 일들이 하나도 빠짐없이 적혀 있다. 과거의 데이터가 모두 그의 수첩에 있었고, 그는 직장생활의 이야기를 책으로 낼 수 있었다. 김 사장은 직원들과 메모를 통해 커뮤니케이션을 한다. 일관된 메시지를 보냄으로써 임직원들은 그의 철학을 이해하고 그와의 벽을 좁히게 되었다. 메모가 주는 힘이다.

　컨설팅을 한 어느 회사는 교육이나 회의에 메모를 하는 사람이 없다. 마치 빨리 교육이나 회의가 끝나길 기다리는 사람처럼 모든 사람들이 듣기만 한다. 하나의 행동을 보면 그 회사의 문화를 엿볼 수 있고, 미래 성장을 알 수 있다.

구성원에게 메모하는 습관을 어떻게 갖게 할 것인가?

직장에서 직원을 불렀을 때, 수첩이나 메모할 것을 가져오지 않는 사람은 없을 것이다. 그러나 제대로 적는 사람 역시 그리 많지 않다. 지시가 짧으면 말로 듣고 "예, 알았습니다." 한다. 그리고 난 후 지시한 일이 제대로 처리되지 않으면 다음부터는 알았다고 해도 뭘 알았는지 의문이 간다. 신뢰가 떨어졌기 때문이다. 아무리 짧은 지시라도 수첩에 적고, "A건에 대해 내일까지 보고하라는 말씀이지요?"라고 하면 믿음이 간다. 이러한 수명방법은 신입사원 교육 때, 철저하게 이루어져야 한다.

삼성의 신입사원교육은 직장예절을 강하게 시키기로 정평이 나있다. 그런 교육이 왜 필요하냐고 이상하게 생각할 수 있어도 기본이 중요하다. 메모는 바로 기본인 것이다. 메모하지 않는 직원에 대해서는 메모를 하게끔 시켜야 한다. 지시를 적도록 해야 한다. 삼성 비서실에는 회장님 지시사항이 있었다. 매일 매일 회장님의 지시사항이 무엇인지, 누가 처리하는지, 언제까지 처리해야 하는지와 처리된 날짜를 적은 목록이다. 회의 시작 전에 지시사항 이행부터 이야기한다. 메모가 주는 놀라운 영향력이다. 적혀 있기 때문에 실행이 된다.

리더는 기록문화를 계승하고 발전시키는 사람이다.

역사관을 건립하려고 회사가 여러 자료를 모으려 했으나, 자료가 거의 없었다. 불필요한 문서를 버리는 기준을 단위조직의 총량으로 잡았기 때문에 어느 문서가 중요하고 어느 문서를 폐기해야 하는가가 중요하지 않게 되었다. 당연히 역사관에 보존할 만한 기록물은 없었다.

과거의 기록이 현재에 많은 영향을 주지 않을 수도 있다. 그러나 후배들에게 도움이 되도록 배려하는 마음으로 작업을 하는 것이 보다 바람직하지 않겠는가? A직무를 수행한 담당 직원이 회사를 떠났을 때, 그 직무에 관한 모든 자료와 인맥이 사라진다면 얼마나 당혹스러운 일이겠는가? 기록으로 남겨진 자료가 수집되고 분석되어 활용되어야 한다. 이러한 과정이 회사의 문화가 되어 모두가 당연하다고 생각하고, 구성원들이 지속적으로 계승·발전시키려 한다면 그 회사의 미래는 밝을 것이다.

리더는 꿈을 심어 주는 역할을 하지만, 구성원들에게 자신이 하는 일의 중요성을 부각시키고 성과를 내도록 독려하며, 그 결과를 잘 정리하여 남겨야 하는 책임도 있다. 컨설팅 회사는 컨설턴트에게 매주 자신이 한 일을 정리하여 반드시 보고하도록 하고 있다. 컨설팅 중에는 쉽게 얻을 수 있는 많은 정보가 컨설팅 후에 정리되기는 어렵기 때문이다.

자신이 한 말은
반드시 지킨다

구성원과 말을 할 때 어떤 마음가짐을 가져야 할 것인가?

휴게실에 가면, 저 사람이 리더인지 개그맨인지 구분이 가지 않을 정도로 수다스러운 사람이 있다. 반면 어느 리더는 말이 없다. 직원들 입장에서 보면 불안하다. 상사가 무슨 생각을 하고 있는지 알 길이 없다. 너무 많은 말도 문제이지만, 침묵으로 일관하는 것도 문제이다.

리더는 상황에 따라 적절하게 대화를 리드해 나가야 한다. 리더가 말을 할 때 꼭 명심해야 할 것이 3가지 있다.

첫째, 리더의 말에는 신용이 있어야 한다.

리더의 한마디는 구성원 입장에서 보면 원칙이 되고, 의사결정 사항이 되고, 나아가 지시가 되기 때문에 실없이 말을 함부로 해서는 곤란하다.

둘째로, 리더의 말에는 실행이 담보되어야 한다.

단순히 말하는 것과 명확히 지시를 내려 실천해야 하는 것을 구분하지 못한다면 이미 리더로서의 자격은 박탈된 것이나 다름없다.

셋째, 말을 하는 것은 침묵보다 좋은 것이어야 한다. 흔히 '가만히 있으면 중간이나 가지'라고 이야기한다. 침묵하면 화가 미치지 않을 것을 한마디의 부주의한 말로 큰 불행을 사서 하는 사람이 있다. 리더는 말을 꺼낼 때, 몇 번이나 심사숙고해야 한다. 리더의 말 한마디는 구성원에게 큰 구속이 된다.

지시사항이 실천으로 이어지기 위해서는 무엇이 필요한가?

첫째, 지시한 사항을 반드시 수첩이나 지시카드에 적어 놓아야 한다.

비서가 있어 지시사항을 적어 놓으면 좋겠지만, 그럴 수 없는 사항이라면, 지시를 받은 구성원이 알 수 있도록 지시카드에 적고 확인시켜 주면 실행력이 높아진다. 지시카드에는 언제, 어떤 내용을, 누구에게, 언제까지 요청했는가를 적어 놓고 매일 한 번씩은 반드시 체크해야 한다. 지난 날짜에 실행되지 않은 것은 별도의 표시를 하여 가장 먼저 볼 수 있도록 해 놓으면 된다.

둘째, 중요한 것을 우선하되, 바로 처리할 수 있는 것은 즉각 조치해 주는 것이 좋다.

사소하며 시간이 걸리지는 않지만 반드시 리더가 해줘야 할 일은 먼저 처리해 줌으로써, 신용을 쌓아 간다. 구성원이 봤을 때 아무 일도 아닌데 처리가 되지 않으면 실망하게 되고, 그 사소한 일을 요청하기 위해 상사를 찾는 것도 엄청 짜증나는 일이다.

화이트보드를 사용하는 것도 매우 좋은 방법이다. 전원이 다 볼 수 있는 화이트보드에 그날 자신이 하기로 한 일이나 지시사항을 적는다. 그리고 혹시 직원들에게 빠진 것이 있나 묻고 처리해 나가되, 퇴근 시 못 한 것에 대해 양해를 구하는 방법이다.

셋째, 리더의 마음가짐을 보여줘라. 오늘 처리하지 못하면 끝날 때까지 퇴근하지 않고 처리하는 사람이 있다. 옳은 일이다. 그러나 피로의 누적으로 건강을 잃으면 아무것도 남는 것이 없다. 이보다는 구성원들에게 자신이 한 말을 지키며, 지키기 위해 노력하는 사람이라는 모습을 보여주는 것이 보다 중요하다.

어느 날, 한 여사원과 2주 전에 점심약속을 했는데, 당일 11시에 갑자기 사장님으로부터 점심을 함께하자는 전화를 받았다면 당신은 어떻게 하겠는가? 더 중요한 것이 사장님과의 점심이 될 수도 있다. 하지만 리더인 당신이 사장님께 "예, 알겠습니다." 하는 순간, 그 여사원은 당신과 함께 식사하면서 하려던 오래전부터의 계획이 다 날아간다. 우선 생각해야 할 사람은 당신도, 사장님도 아닌 바로 당신과 함께 식사하기로 한 그 여사원이다. 만약 반드시 사장과의 약속 장소에 가야만 한다면, 전화나 문자로 양해를 구하는 것은 옳지 않다. 찾아가 사정을 이야기하고 다른 날 만남을 정해야 한다. 이것으로 끝나면 안 된다. 다음 날, 조그마한 선물을 갖고 어제 이해해 줘서 모임에 참석할 수 있었다고 감사를 표해야 한다. 당신의 말 한마디는 반드시 실천될 수 있도록 소중히 지켜야 한다. 만약 지키지 못할 경우에는 상대가 충분히 공감하고 오히려 고맙다는 생각이 들도록 해야 한다.

　리더의 언행에는 품격이 있어야 한다. 멋과 맛의 향기를 풍겨야 한다.

세상 어디에든 리더가 있지만,
진정한 리더는 훌륭한 조직에만 있습니다.

권선복
| 도서출판 행복에너지 대표이사

21세기 기업 문화에는 이전보다 다양한 요소들이 개입되어 있습니다. 흔히들 4차 산업혁명 시대라는 말도 하고, 최근에는 인간을 대체하여 인공지능과 로봇이 산업 전반에서 많은 업무를 담당하는 형국입니다. 이대로 가면 인간 전체가 오히려 우리가 만들어 놓은 산업 구조로부터 소외되지나 않을까 싶은 기우가 들기도 합니다.

그러나 지구상에 인간사회가 존재하고, 다양한 발전을 위한 조직이 존재하는 한, 그들을 이끄는 리더의 존재는 그 무엇으로도 대체될 수 없을 것입니다.

그렇다면 리더란 무엇일까요?

홍석환 저자의 『나는 리더인가』 속에는 그에 대한 해답이

들어 있습니다.

어느 조직에든 리더가 있습니다. 조직이 나아갈 방향과 중심 가치를 결정하고, 조직원의 결속을 다지는 존재가 리더입니다. 그런데 우리는 주변에서 다양한 리더들을 목격하게 됩니다.

때로는 상부에 의해 지정되는 리더도 있지만, 더러는 스스로가 이미 리더의 자질을 갖추고 주변으로부터 인정받는 경우도 있습니다. 이렇게 '자질을 갖추었다'라고 판단하는 순간 우리의 마음속에는 이미 리더에 대해 막연하게나마 품고 있는 하나의 이상적 모델이 있음을 깨닫게 됩니다. 그 이상들을 하나하나 풀어내어 현실적 모델이 될 수 있도록 도와주는 책이 바로 『나는 리더인가』입니다.

이 책을 손에 드신 분들 중에는 이미 리더도 있을 것이고, 리더가 되어가는 분들도 있을 것입니다. 공교롭게도 책의 첫 장은 '나는 행복한 사람이다'로 시작합니다. '진정한 리더는 나와 남을 모두 행복하게 한다.'는 저자의 깊은 속뜻이 반영된 듯합니다. 이 책을 펼치는 분들 모두가 자신과 타인을 서로 행복하게 하는 진정한 리더로 거듭나시기를 기원합니다!

영웅

지방근 지음 | 값 25,000원

조직이 살아남기 위해서는 뛰어난 리더십을 갖춘 리더가 필요하다. 어떤 조직에서든 한 개인이 리더가 되기 위해서 거쳐야 할 수련의 과정이 있고 갖춰야 할 품위와 교양이 있는 것이 사실이다. 이 책 『영웅』을 통해 독자들은 조직원들에게 편안하게 다가가면서도 꼼꼼하게 범사를 챙기고 화합시키는 진정한 영웅, 조직의 힘을 극대화해 개인과 기업과 사회가 모두 행복할 수 있도록 만드는 리더의 품위와 교양을 접하고, 또한 실천할 수 있을 것이다.

열화일기(뜨거운 꽃의 일기)

김은형 지음 | 값 15,000원

이 책 『열화일기 – 뜨거운 꽃의 일기』는 격동의 1980년대 초, 갓 성인이 되어 여대생으로서 세상에 발을 내딛은 저자의 꿈과 포부, 고뇌, 그리고 짧지만 뜨거웠던 첫사랑의 이야기가 담긴 책이다. 누구나 한 번은 누리지만 두 번은 누리지 못하는 청춘, 그렇기에 이 책은 뜨거운 청춘을 경험해본 독자들에게는 다시금 영혼을 울리는 경험을, 지금 청춘을 누리고 있는 독자들에게는 청춘의 의미에 대해 되돌아보게 하는 기회를 선사할 것이다.

간추린 사서

이영수 지음 | 값 28,000원

이 책 『간추린 사서』는 사서의 방대한 내용 중 핵심만을 뽑아 이해하기 쉽게 풀어냈으니, 깨달음이 있으면서도 손쉽게 가르침을 얻고자 하는 현대인들의 필연적 욕구에 고전의 발걸음을 다소나마 맞춰려는 노력이 반영되어 있다. 이러한 현대적 발돋움을 통해 공자 사후 2500년 전부터 누적되어 온 동아시아의 집단 기억과, 인간관계와 그 외적 표현인 예법을 이 한 권의 책을 통해 구석구석 느껴볼 수 있을 것이다.

지방기자의 종군기

윤오병 지음 | 값 25,000원

6.25전쟁 때 소년병으로 종군한 이후 취재기자에서부터 편집국장까지, 기자 정신으로 평생을 살아 온 윤오병 저자는 이 책 『지방기자의 종군기』를 통해 기자로서 취재해 온 한국 현대사의 굵직한 편린들을 풀어낸다.
이 책은 당시 시대를 경험한 세대에게는 대한민국에 대한 자부심과 보람을, 당시 시대를 알지 못하는 세대에게는 우리가 지금 누리고 있는 평화와 행복이 많은 사람들의 땀과 노력으로 이루어진 것이라는 걸 알게 해줄 것이다.

아내가 생머리를 잘랐습니다

유동효 지음 | 값 15,000원

시집 『아내가 생머리를 잘랐습니다』는 시련을 통해 가족이 성숙해 가는 과정을 담고 있다. 암에 걸린 간호사 아내와 남편, 아이들로 이루어진 가족이 함께 시련을 극복해가는 모습이 오롯이 녹아 있는 것이다.
미약한 일개 인간의 힘으로 넘어설 수 없는 암이라는 시련을 넘어서는 가족의 힘은 동시에 노력과 자기 단련의 시간이 있어야 가정이라는 사랑의 공동체를 유지할 수 있다는 진리를 역설한다.

기자형제 신문 밖으로 떠나다

나인문, 나재필 지음 | 값 20,000원

삶을 흔히 여행에 비유하고 한다. 우여곡절 많은 인생사와 여행길이 꼭 닮아 있기 때문이다. 기자로서 시작하여 나름의 지위까지 올라간 형제는, 돌연 감투를 벗어 던지고 방방곡곡을 누빈다. 충청도부터 경상도까지, 사기리부터 부수리까지. 우리나라에 이런 곳도 있었나 싶을 정도로 다양한 지명들이 펼쳐진다. 문득 여행을 떠나고 싶은 이들, 그동안 쌓아온 것을 잠시 내려두고 휴식을 취하고 싶은 분, 자연으로의 일탈을 꿈꾸는 분들에게 추천한다.

맛있는 삶의 사찰기행

이경서 지음 | 값 20,000원

이 책은 저자가 불교에 대한 지식을 배우길 원하여 108사찰 순례를 계획한 뒤 실행에 옮긴 결과물이다. 전국의 명찰들을 돌면서 각 절에 대한 자세한 소개와 더불어 중간중간 불교의 교리나 교훈 등도 자연스럽게 소개하고 있다. 절마다 얽힌 사연도 재미있을 뿐 아니라 초보자에게 생소한 불교 용어들도 꼼꼼히 설명되어 있어 불교를 아는 사람, 모르는 사람 모두에게 쉽게 읽힌다. 또한 색색의 아름다운 사진들은 이미 그 장소에 가 있는 것만 같은 즐거움을 줄 것이다.

스마트폰 100배 활용하기

박대영, 양지웅, 박철우, 박서윤 지음 | 값 25,000원

이 책 『스마트폰 100배 활용하기』는 '4차 산업혁명의 첨병'인 스마트폰을 단시간 내에 이해하여 실생활에서 가장 효과적으로 다룰 수 있도록 스마트폰의 기본적인 기능, 사용 방법과 함께 실제 많이 사용되는 스마트폰 앱(App)의 종류와 앱의 사용 방법을 소개하고 있다. 특히 실질적으로 스마트폰이 필요한 분야별로 내용을 나누어 유용한 앱들을 풍부한 사진과 함께 소개함으로써 입문자들의 활용서로도 큰 도움이 될 것이다.

남북의 황금비율을 찾아서(개정판)

남오연 지음 | 값 15,000원

책 『남북의 황금비율을 찾아서 개정증보판』은 2015년에 출간된 남오연 저자의 『남북의 황금비율을 찾아서』의 개정판으로 통일이란 쟁점을 화폐경제의 관점에서 접근하고 연구한 책이다. 다양한 관련 경제학 논문의 분석과 저자의 견해를 통해 한반도 내에서만이라도 남북한 화폐를 통합하고 이를 통해 남북한 내 새로운 일자리 창출과 실질적 경제통합의 물꼬를 틀 수 있는 방안을 제시하고 있다.

펭귄 날다 - 미투에서 평등까지

송문희 지음 | 값 15,000원

전 세계를 휩쓸고 있는 미투 운동. 이제 우리나라도 예외가 아니다. 하루가 멀다 하고 밝혀지는 성추문과 스캔들. 그동안 묵인되어 왔던 성차별이 속속들이 온오프라인을 뒤덮으며 '여성들의 목소리'가 마침내 수면 위로 떠올랐다. 이 책을 통해 저자는 사회 곳곳에 만연했지만 우리가 애써 무시하던 문제를 속속들이 파헤친다. 그리고 미투 운동이 나아가야 할 방향을 제시하며 미투 운동에 긍정의 지지를 보낸다.

죽기 전에 내 책 쓰기

김도운 지음 | 값 15,000원

언론인 출신의 저자는 수도 없이 많은 글을 쓰던 중 자신의 책을 발행하고 싶다는 생각을 갖고 2008년 어렵사리 첫 책을 낸 후 지금까지 꽤 여러 권의 책을 발행했다. 그러다보니 자연스럽게 축적된 노하우를 대중에게 공유해야겠다는 생각으로 이 책을 집필했다. 이 책 속 실용적인 노하우를 통해 독자들은 책을 써야 하는 이유, 자료를 수집하는 방법, 자료를 정리하는 방법, 집필하는 방법, 출판사와 계약하는 방법, 마케팅하는 방법 등을 알 수 있을 것이다.

사장이 직접 알려주는 영업마케팅

이남헌 지음 | 값 20,000원

이 책 『사장이 직접 알려주는 영업마케팅』은 현직 사장인 저자가 직접 몸으로 체득한 '성공 습관'을 기술한 책이다. 시간관리와 목표설정, 비전의 성취에 이르기까지 직장인이 배우고 익혀야 할 회사생활의 기본과 더불어, 저자가 오랫동안 몸담아 온 영업마케팅 분야에 관해 보다 자세한 철학과 가이드를 제시한다. 사회초년생부터 중견관리자까지 유용한 정보들을 얻을 수 있는 '직장생활 필독서'라 할 만하다.

하루 5분, 나를 바꾸는 긍정훈련

행복에너지

'긍정훈련' 당신의 삶을
행복으로 인도할
최고의, 최후의 **'멘토'**

'행복에너지
권선복 대표이사'가 전하는
행복과 긍정의 에너지,
그 삶의 이야기!

인터파크
자기계발 분야 주간
베스트 1위

권선복 지음 | 15,000원

권선복

도서출판 행복에너지 대표
영상고등학교 운영위원장
대통령직속 지역발전위원회
문화복지 전문위원
새마을문고 서울시 강서구 회장
전） 팔팔컴퓨터 전산학원장
전） 강서구의회（도시건설위원장）
아주대학교 공공정책대학원 졸업
충남 논산 출생

책 『하루 5분, 나를 바꾸는 긍정훈련 - 행복에너지』는 '긍정훈련' 과정을 통해 삶을 업
그레이드하고 행복을 찾아 나설 것을 독자에게 독려한다.
긍정훈련 과정은 [예행연습] [워밍업] [실전] [강화] [숨고르기] [마무리] 등 총
6단계로 나뉘어 각 단계별 사례를 바탕으로 독자 스스로가 느끼고 배운 것을 직접
실천할 수 있게 하는 데 그 목적을 두고 있다.
그동안 우리가 숱하게 '긍정하는 방법'에 대해 배워왔으면서도 정작 삶에 적용시키
지 못했던 것은, 머리로만 이해하고 실천으로는 옮기지 않았기 때문이다. 이제
삶을 행복하고 아름답게 가꿀 긍정과의 여정, 그 시작을 책과 함께해 보자.

『하루 5분, 나를 바꾸는 긍정훈련 - 행복에너지』